"十二五"国家重点图书出版规划项目

西方古典学研究 *Library of Classical Studies*

编辑委员会

主　编：

黄　洋（复旦大学）

高峰枫（北京大学）

编　委：

陈　恒（上海师范大学）

李　猛（北京大学）

刘津瑜（美国德堡大学）

刘　玮（中国人民大学）

穆启乐（Fritz-Heiner Mutschler，德国德累斯顿大学；北京大学）

彭小瑜（北京大学）

吴　飞（北京大学）

吴天岳（北京大学）

徐向东（浙江大学）

薛　军（北京大学）

晏绍祥（首都师范大学）

岳秀坤（首都师范大学）

张　强（东北师范大学）

张　巍（复旦大学）

册子本起源考

The Birth of the Codex

〔英〕C.H.罗伯茨　T.C.斯基特　著

高峰枫　译

著作权合同登记号　图字：01-2015-4160
图书在版编目（CIP）数据

册子本起源考/（英）罗伯茨（Roberts, C. H.），（英）斯基特（Skeat, T. C.）著；高峰枫译. —北京：北京大学出版社，2015.11
（西方古典学研究）
ISBN 978-7-301-26418-8

Ⅰ.①册… Ⅱ.①罗…②斯…③高… Ⅲ.①古籍研究—西方国家 Ⅳ.①G256.2

中国版本图书馆 CIP 数据核字（2015）第 250568 号

© The British Academy 1983
This translation of The Birth of the Codex was first published in 1983 and is published by arrangement with the British Academy.

书　　　名	册子本起源考
著作责任者	〔英〕C. H. 罗伯茨　T. C. 斯基特　著　高峰枫　译
责 任 编 辑	田　炜
标 准 书 号	ISBN 978-7-301-26418-8
出 版 发 行	北京大学出版社
地　　　址	北京市海淀区成府路 205 号　100871
网　　　址	http://www.pup.cn　新浪微博：@北京大学出版社
电 子 信 箱	pkuwsz@126.com
电　　　话	邮购部 62752015　发行部 62750672　编辑部 62750577
印　刷　者	北京中科印刷有限公司
经　销　者	新华书店
	965 毫米 × 1300 毫米　16 开本　10 印张　120 千字
	2015 年 11 月第 1 版　2015 年 11 月第 1 次印刷
定　　　价	30.00 元

未经许可，不得以任何方式复制或抄袭本书之部分或全部内容。
版权所有，侵权必究
举报电话：010-62752024　电子信箱：fd@pup.pku.edu.cn
图书如有印装质量问题，请与出版部联系，电话：010-62756370

"西方古典学研究"总序

古典学是西方一门具有悠久传统的学问,初时是以学习和通晓古希腊文和拉丁文为基础,研读和整理古代希腊拉丁文献,阐发其大意。18世纪中后期以来,古典教育成为西方人文教育的核心,古典学逐渐发展成为以多学科的视野和方法全面而深入研究希腊罗马文明的一个现代学科,也是西方知识体系中必不可少的基础人文学科。

在我国,明末即有士人与来华传教士陆续译介希腊拉丁文献,传播西方古典知识。进入20世纪,梁启超、周作人等不遗余力地介绍希腊文明,希冀以希腊之精神改造我们的国民性。鲁迅亦曾撰《斯巴达之魂》,以此呼唤中国的武士精神。1940年代,陈康开创了我国的希腊哲学研究,发出欲使欧美学者不通汉语为憾的豪言壮语。晚年周作人专事希腊文学译介,罗念生一生献身希腊文学翻译。更晚近,张竹明和王焕生亦致力于希腊和拉丁文学译介。就国内学科分化来看,古典知识基本被分割在文学、历史、哲学这些传统学科之中。1980年代初,我国世界古代史学科的开创者日知(林志纯)先生始倡建立古典学学科。时至今日,古典学作为一门学问已渐为学界所识,其在西学和人文研究中的地位日益凸显。在此背景之下,我们编辑出版这套"西方古典学研究"丛书,希冀它成为古典学学习者和研究者的一个知识与精神的园地。"古典学"一词在西文中固无歧义，但在中文中可包含多重意思。丛书取"西方古典学"之名，是为避免中文语境中的歧义。

收入本丛书的著述大体包括以下几类：一是我国学者的研究成果。近年来国内开始出现一批严肃的西方古典学研究者，尤其是立志于从事西方古典学研究的青年学子。他们具有国际学术视野，其研究往往大胆而独具见解，代表了我国西方古典学研究的前沿水平和发展方向。二是国外学者的研究论著。我们选择翻译出版在一些重要领域或是重要问题上反映国外最新研究取向的论著，希望为国内研究者和学习者提供一定的指引。三是西方古典学研习者亟需的书籍，包括一些工具书和部分不常见的英译西方古典文献汇编。对这类书，我们采取影印原著的方式予以出版。四是关系到西方古典学学科基础建设的著述，尤其是西方古典文献的汉文译注。收入这类的著述要求直接从古希腊文和拉丁文原文译出，且译者要有研究基础，在翻译的同时做研究性评注。这是一项长远的事业，非经几代人的努力不能见成效，但又是亟需的学术积累。我们希望能从细小处着手，为这一项事业添砖加瓦。无论哪一类著述，我们在收入时都将以学术品质为要，倡导严谨、踏实、审慎的学风。

我们希望，这套丛书能够引领读者走进古希腊罗马文明的世界，也盼望西方古典学研习者共同关心、浇灌这片精神的园地，使之呈现常绿的景色。

"西方古典学研究"编委会
2013年7月

目　录

"西方古典学研究"总序　　I
译者说明　　1
中译本导言：从卷子本到册子本　　5
前　言　　27
图版说明　　29

第一章　引　言　　1
第二章　纸草与皮纸　　7
第三章　版　牍　　15
第四章　从版牍到皮纸札记簿　　21
第五章　马提亚尔与作为典籍形式的册子本首次出现　　35
第六章　法学家的证据　　43
第七章　卷子本与册子本：公元1—5世纪希腊典籍写本的证据　　51
第八章　早期基督教文献中的册子本　　55
第九章　基督徒为何采用册子本？实用的考虑不充分　　67
第十章　基督徒采用册子本：两种假说　　79
第十一章　基督教册子本与圣经正典　　89
第十二章　非基督教文献中的册子本　　97
第十三章　尾　声　　107

书中引用索引　　109

译者说明

《册子本起源考》一书的要点及其后续的讨论,请见《中译本导言》。这里,对几个术语的汉译,稍作说明。

两个关键术语,英文的 roll 译作"卷子本"或"卷子",codex 译作"册子本"。如果涉及书册制度,则分别译作"卷轴装"和"册页装"(codex form)。

书中的 manuscript 一字,一律译作"写本"。不管是保存相对完整的整册的抄本,还是残篇、残片,只要是书中讨论的公元 5 世纪之前抄写的书籍,统称为"写本"。

书中常用的 literary papyri,我译作"纸草典籍",指抄有典籍的纸草文献。所谓"典籍"指的是文学和学术活动所产生的文本,不包含有特定社会功能的文书,比如法律文书(契约、遗嘱等)、私人书信、公文或者知识水平不高的人群的书写练习(学生的习字帖、涂鸦)。比如 Roger A. Pack 所编的《希腊罗马时代埃及出土的希腊文、拉丁文典籍写本编目》(*The Greek and Latin Literary Texts from Greco-Roman Egypt*),著录的就是文学、哲学、医学和科学方面的纸草文献。所以,这里所使用的 literary 一字,非指狭义的"文学"。同理,在《册子本起源考》中,literature 一字,有时译为"文献",是取更广泛的意思;有时则译作"典籍",以显示与文书类写本的区分。

Parchment 一字译作"皮纸",是参考复旦大学苏杰教授的译法。传统上,parchment 多译作"羊皮卷",但不够妥当。一来,制作皮纸的材料包括各类兽皮,如羊皮、牛犊皮等,并非全是羊皮;二来,parchment 在早期的用法,主要指书写材料的质料,与写本的形制不一定有必然的联系。使用 parchment 制成的书籍,不一定都是卷子本,也可以是册子本。而"羊皮卷"的译法,已隐含有卷子本的意思。译作"皮纸"的话,一则不必明言是何种兽皮,二则表明是用于书写之用,因此我以为是一个妥帖的译法。

英文中 page 和 leaf(或 sheet)有所区分。凡指称单张的纸草,称"一叶"纸草。比如,卷子的制作,是将多张纸草"叶子"粘连而成。而讲到册子本的页面,则称"一页"。因此,册子本中的"一叶"纸草,当正反面都书写时,实际上就有"两页"的书写空间。

本书两位作者多用"非基督教"(non-Christian)这一比较中立的表达法,但有时也用 pagan 一字。中文通常把 pagan 译成"异教",这是以基督教为本位的译法,含有基督教对古代传统宗教的歧视。今译作"教外",虽仍不免保留了基督教的口吻,但毕竟比"异教"语气要更宽缓一些。

凡是作者在正文中引用希腊文、拉丁文文献,除引文译成中文之外,译文之后将原文加在括号中,以备读者检审。但若作者在正文中引用近人的著述,不管是何种现代语言,都径直翻译,不另附原文。

书中提到大量出土的纸草文献,分别藏于西方各大博物馆及大学。作者提到这些纸草写本时,往往使用专业内部的缩写。我根据特纳的《希腊文纸草导论》一书第 2 版(E. G. Turner, *Greek Papyri: An Introduction*, Oxford, 1980)第九章"纸草文献主要刊本"(第 154—179 页),尽量将缩写还原成全称,同时保留原来的缩写，以方便读者。作者在注释中引证的期刊论文，我尽量将期刊的名称译出。但有些期刊只列出了缩写，全名暂时查不到，只好先将缩写照录一遍。

在翻译过程中，我曾就几个关键的译名，向北京大学历史系辛德勇教授和中国社会科学院历史研究所孟彦宏研究员请教，在此表示感谢。本书的责任编辑田炜女士，对译稿的编辑，提出了很细致的意见，弥补了很多不足。这本《册子本起源考》篇幅虽短，但属于比较繁琐的考证研究，涉及多方面的文史知识，引用了多种语言的研究文献。译文中可能出现的问题和不足之处，还请读者多多指正。

高峰枫
2015 年 9 月

中译本导言：从卷子本到册子本

西方古代标准的书籍形式是卷子（roll）。古希腊罗马时代，制作卷子最流行的材料是埃及出产的纸草。间或有用羊皮或牛皮进行打磨和漂白，制成可以书写的皮纸（parchment），但就文献记载和出土发现来看，纸草卷子乃是古典时代主流的图书装帧形式（犹太经典不在讨论之列）。老普林尼（Pliny the Elder，23—79）在《博物志》中有一段著名的记载，详述纸草的制作，还涉及当时（公元1世纪）制作的不同尺寸、不同质量的纸草。[①] 制作卷子的标准做法，是将20张固定尺寸的纸草叶子粘连在一起。纸草纤维的纹理呈水平方向的一面，比较光滑，吸附性好，称为正面（recto）。纹理呈垂直方向的一面，纸面相对粗糙，称为反面（verso）。职业的抄工（scribes）将所要誊抄的文本，分栏书写，经常连同母本上所施的句读以及其他标记符号也一并制。比较讲究的抄本，卷子背面是空白。只有当书写材料匮乏、或者抄写者用于私人用途，才会使用背面。使用这种标准规格的卷子时，如果抄写的空间不够，则在卷子的尽头继续粘上散叶的纸草。

[①] 普林尼，《博物志》（*Natural History*），第13卷，第74—82章。拉丁原文、英译以及比较详细的注释和讨论，可见 Nephtali Lewis, *Papyrus in Antiquity*（Oxford: at the Clarendon Press, 1974），第34—69页。

一张抄写典籍的纸草卷子,长度是非常可观的。以往学界流行一种说法,认为卷子的长度通常为6—10米。② 但据最近的发现以及更加科学的推算,长达15米以上的卷子也并不罕见,个别卷子甚至有23米长。③ 卷子收拢起来,形成卷轴,可以放在专门的书筒里。读者阅读时,一般左手持握卷子最左端,右手展卷,打开1米左右的卷面。待读过这一部分文字之后,左手收卷,右手继续展卷,就这样一收一放,重复进行。待读到卷子的末端,不能直接将卷轴立即插入书筒,而需从最右端开始,将卷子全部倒卷回去,以保证下一次阅读时起首的文字仍位于卷子左端。其实,论广义的文字记录,希腊、罗马还同时有多种文字载体,比如古希腊的陶片、古罗马的木牍以及勒于金石的铭文,但对于复杂智力活动产物的"典籍"而言(指诗文、学术类文本),也就是有别于书信、契约、簿记这些日常文书,够得上"书于竹帛"的那些著作,卷子是公认的、享有绝对文化权威的书籍形式。苏格拉底说任何人都能在市场上买到哲学家阿那克萨哥拉(Anaxagoras)的"书"(《申辩》,26d),他指的就是这样的纸草卷子。

西方现代的书籍装帧形式,已不再是卷轴装,而是册页装。以册页装制成的图书,称作"册子本"(codex)。所谓册子本,从古代晚期开始,指将数叶纸草或者皮纸叠放在一起,从中间对折,然后从对折的地方固定、装订,再加上封皮作为保护。简单来说,就是

---

② 比如,凯尼恩就认为,抄写希腊文典籍的正常的卷子本,长度一般不会超过35英尺(合大约12米)。参看Frederic G. Kenyon, *Books and Readers in Ancient Greece and Rome*, 2nd edition, Oxford: at the Clarendon Press, 1951, p. 54。

③ William A. Johnson, *Bookrolls and Scribes in Oxyrhynchus*, Toronto: University of Toronto Press, 2004, pp. 148-149. 根据Johnson的意见,正常的卷子,其长度的上限应该提高到15米左右。

我们今天习见的、翻页的现代图书。从公元4世纪开始,西方书籍的制作中,册子本的比例逐渐增大,而传统文人雅士终日捧读的卷子本逐渐式微。进入中世纪以后,册子本更是一统天下,完全取代了卷子本,成为主导的书籍形式,这种霸主地位一直延续到今天。研究西方古代的书籍制度,册子本的起源是无法绕开的问题。一种士人阶层所不屑使用的图书装帧形式,何时演变成为有资格承载文化典籍的书籍形式?有哪些重大历史事件、哪些深层社会力量推动着西方书册制度完成了这场影响深远的变革?研究书籍史和版本学,都需要解答这样的问题。

《册子本起源考》的两位作者

1954年,英国古文书学家和纸草学家罗伯茨(Colin H. Roberts, 1909—1990)在《不列颠学院集刊》(*Proceedings of the British Academy*)第40期,发表了一篇35页的论文,题为《册子本》("The Codex")。近30年后,他与另一位著名古文书学家斯基特(T. C. Skeat, 1907—2003)一道,对此文做了大幅增订,于1983年出版了《册子本起源考》(*The Birth of the Codex*)一书,对上述问题做了全面的讨论。

两位作者的生平和学术研究,我先做一个简要的介绍。罗伯茨的全名是Colin Henderson Roberts,依英国人习惯,通常省略做C. H. Roberts。[④] 罗伯茨在牛津读书时,老师中对于纸草文献感

---

④ 关于罗伯茨的生平,我主要参考了《不列颠学院集刊》在他去世之后刊出的悼词:"Colin Henderson Roberts. 1909-1990"(*Proceedings of the British Academy*, 84, 479-483)。作者是D. A. F. M. Russell 和 P. J. Parsons。

兴趣者不乏其人，对他产生了一定影响。他1932年去柏林，向德国著名古文书学家威尔海姆·舒拔(Wilhelm Schubart)学习，还去埃及参加过考古挖掘工作。在20世纪30年代，罗伯茨在牛津圣约翰学院担任研究员，整理了曼彻斯特大学约翰·莱兰茨图书馆(John Rylands Library)收藏的一些圣经纸草残片。二战期间，他和许多学者一样，为英国情报部门工作。战后，他重返圣约翰学院，为重振纸草学研究做出了巨大贡献。1954年到1974年，他一直执掌牛津大学出版社。在处理纷繁的行政事务之余，他仍发表了重要的研究著作，其中最重要的一本是《早期基督教时代埃及的写本、社会和信仰》一书。⑤

这本小书和《册子本起源考》一样，篇幅短，容量大，浓度高。罗伯茨将其丰富的纸草学知识，运用于对早期基督教在埃及的发展的历史研究。在传世文献中，关于公元1世纪和2世纪埃及教会的历史，只有零散的材料。但是从2世纪后期开始，诺斯替教派(Gnosticism)在埃及大行其道，而3世纪的亚历山大城成为基督教神学、解经学和圣经校勘学的中心，埃及一跃而成为操希腊语的东部教会的重镇。但2世纪中期之前的史料却少而又少，此点殊不可解。罗伯茨在这本书中，力求通过对出土写本的研究，来推知埃及基督教初年的情况，以弥补文献不足的缺憾。全书分三章，第一章对埃及出土的基督教写本做了整体的介绍，从出土地点的分布、写本的外在特征(形制、开本、书上的标记)乃至抄工誊写时所采用的书体，都有极为精当的概述。第二章着重于"圣名缩写"(Nomina Sacra)。所谓"圣名缩写"，是早期基督教写本一个

---

⑤ *Manuscript, Society, and Belief in Early Christian Egypt*. London: Published for the British Academy by the Oxford University Press, 1979.

鲜明的特征,指的是对圣经中若干具有特殊神学意义的字词(比如"上帝""耶稣""基督"等),采用缩写的方式。最常见的办法,是取希腊文单词的首尾两个字母,上面加画一条横线。罗伯茨考察了此种独特书写习惯可能的来源,以及其中蕴涵的神学思想。第三章则根据前面的描述,努力勾勒埃及教会的特征和发展。

另一位作者斯基特,全名为 Theodore Cressy Skeat,通常写作 T. C. Skeat,长罗伯茨两岁。⑥ 斯基特从剑桥大学毕业之后,终生在大英博物馆写本部(Department of Manuscripts)工作,1931—1948 年担任写本部主任助理(Assistant Keeper),1948—1961 年担任副主任(Deputy Keeper),1961—1972 年担任主任(Keeper)。1933 年,英国从苏联政府手中以 10 万英镑的价格购买了《西奈抄本》(Codex Sinaiticus)。这是一个 4 世纪的圣经希腊文抄本,是目前所存最早的基督教圣经全经抄本(年代更早的写本有存世,但都是残篇残叶)。作为刚刚进入大英博物馆写本部的青年才俊,斯基特立即被委以重任,与其他两位同事一道,负责这部珍贵写本的保存和整理。1938 年,斯基特与同事出版了《西奈抄本的抄工和校改者》一书,是研究《西奈抄本》的奠基之作。⑦ 在此之前,他与老一辈的学者贝尔一道,共同整理出版《一部未知福音书和其

---

⑥ J. K. Elliott 将斯基特发表在专业期刊的论文,编辑成《斯基特圣经学论文集》(*The Collected Biblical Writings of T. C. Skeat*. Leiden: Brill, 2004)。他为论文集撰写了一篇导言(第 ix—xxvi 页),介绍了斯基特的生平和学术贡献,并附有斯基特所有著述的详细目录。下面两段主要参考了这篇导言。

⑦ H. J. M. Milne and T. C. Skeat, *Scribes and Correctors of the Codex Sinaiticus*, London: Trustees of the British Library, 1938. 此书当年仅印了 500 册。

他早期基督教纸草残篇》。⑧ 这部新约正典之外的福音书残本,现在称为"艾格顿2号纸草"(Egerton 2 Papyrus)。此外,斯基特还编写过大英博物馆收藏的希腊文纸草文献的编目。他直到95岁高龄,仍发表有关福音书校勘和埃及历法的论文。2004年由J. K. Elliott编辑的《斯基特圣经学论文集》收录了斯基特在写本学(codicology,包括古代图书的制作和形制方面的研究)、新约写本以及新约校勘学三个领域的重要论文,我们可以大体窥见斯基特学术研究的方向和规模。斯基特的论文中,被广为引用的是他为《剑桥圣经史》第二卷所撰写的文章《早期基督教图书制作:纸草与写本》。⑨ 这篇文章总结了20世纪60年代之前他对于早期基督教图书的看法,有些观点后来自己不断修正或者展开。

罗伯茨和斯基特长期从事出土写本的一线研究,都是古文书学专业内卓有建树的大学者。他们对纸草文献,终日摩挲,了如指掌。再加上他们的古典学功底深厚,能将过去几代学者从古籍中发现的有关书籍制度的史料加以重新整理和解读,因而最有资格"取地下之实物与纸上之遗文互相释证"。《册子本起源考》这本书,薄薄一册,正文不足80页,却建筑在二位作者深厚的旧学根底和对出土写本几十年释读和整理的基础之上。作者所得出的结论,三十年之后来看,已有很多值得商榷之处,但这部小书在西方古典文献学、古文书学、写本学诸领域,都堪称经典之作。

---

⑧ H. I. Bell and T. C. Skeat (ed.), *Fragments of an Unknown Gospel and other Early Christian Papyri*. London: Trustees of the British Museum, 1935.

⑨ "Early Christian Book-Production: Papyri and Manuscripts", in *The Cambridge History of the Bible*, vol. 2: *The West from the Fathers to the Reformation*, ed. G. W. H. Lampe, Cambridge: Cambridge University Press, 1969, pp. 54-79. 此文收入《斯基特圣经学论文集》,第33—59页。

册子本算"书"吗?

《册子本起源考》(以下简称《起源考》)先破除了学界一些长期流行的误解。比如从19世纪末开始,都以为凡是卷子本必用纸草,而凡是册子本则一定用皮纸。而实际上,书籍的形制(卷子本或册子本)与书写材料(纸草还是兽皮),并无绝对的关联。又比如,学界长期相信古代的传说,认为皮纸是公元前2世纪在古城帕伽玛(Pergamum)发明的。帕伽玛的图书馆是古代继亚历山大城之后又一个学术重镇。根据这一传说,埃及的托勒密王朝嫉妒这一新兴的藏书中心,为打击竞争对手,便想出釜底抽薪的办法,禁止向这个小亚细亚古国出口埃及所特产的纸草。抄书却没有纸用,这就迫使帕伽玛想出应对的方案,发明了皮纸,从而获得纸张供应的独立。另外,"皮纸"一字,拉丁文写作 pergamenum,让人易产生联想,以为这种书写材料真的创自帕伽玛。其实,兽皮之用于书写材料,古已有之,实在不必依赖某桩突发事件而突然涌现。而且即使埃及真的实施过禁运,恐怕也难以奏效,因帕伽玛可轻而易举从他国间接获取纸草。像这样长期流传的说法,两位作者汇集其他学者的研究,均一一破除。

再比如"重写本"(palimpsest)的问题。所谓"重写本",指将誊写在旧卷子上的文字擦掉,再书写新的文字。也就是将旧卷子重新使用。之所以会出现重写本,或者因为卷子不够用,于是将价值不大的文字除去,代之以新的文本;又或者出于意识形态的考虑,淘汰已经过时或者为现时所不取的书籍。最常见的例子,是中世纪的僧侣将古典文本涂去,然后重新抄写基督教文字。过去学界以为,凡是重写书,必然指皮纸,因为兽皮经久耐用,将先前书写于其上的文字刮去后,皮纸本身并不会受太大损害,自然可以重复使用。因此,人们形成固有观念,将"重写本"与皮纸画上等号。也就是说,纸草卷子是不会用作重写本的。但后来学者通过研究发现,纸草并不像人们想象的那样易碎,而且去除字迹也不必是剧烈的刮削,而可能是非常"温柔"的涂、抹、擦拭。纸草看上去似乎弱不禁风,但实际上在清除字迹之后,完全可以再度使用。上面这些有关书写材料的质地的讨论,虽不是全书的核心,却澄清了长久盘踞在古文书学领域的误解,更为后面的讨论铺平了道路。

论到册子本的来源,两位作者认为,其前身乃是古代的版牍(writing tablets)。版牍通常由两块以上的扁平木板组成,或用夹子夹住,或用契绳穿过钻孔来固定。在希腊化时期,版牍并不用来抄写经籍,而是担负更加世俗的职能,比如书信、便笺、账簿、学生的习字板、作家的草稿本等等。小普林尼(Pliny the Younger, 61—113)在书信中曾记载其舅父老普林尼埋头著述的情景——家中的仆从准备好版牍,将主人命令抄写的文字用速记法记在上面。由此可见,版牍相当于学者作札记、收集素材的便捷工具,而更加正式的札记(commentarii)则是工工整整地抄在卷子上。

罗马人将版牍的尺寸扩大,以容纳更多文字,并且用更轻、更薄的材料取代木板,这样就开始出现以皮纸为材料、像传统版牍那样装订的皮纸札记簿(parchment notebook)。两位作者在罗马的诗文中找到不少佐证。比如,我们比较熟悉的贺拉斯的《诗艺》(*Ars Poetica*),可作为一例。贺拉斯奉劝友人,若想文章传世,须反复修改,"封存九年,皮纸藏于家中"(membranis intus positis)。此句中 membranae 一字,即指打草稿所用的皮纸。贺拉斯在随后几行中提到可将不尽人意、羞于问世的诗句"去除",即指从皮纸上抹去文字,因为墨迹很容易清洗掉。我们虽不能确定这些单张的皮纸叶子是缝在一起还是用其他方式固定,但这种打草稿的札记簿,极有可能是以册页装来装订的。讲到这里,不得不提及新约。保罗在《提摩太后书》中提到"皮卷"(4:13),他所用的希腊文用语乃是拉丁字 membranae 的转写,这极有可能证明当时希腊文中尚无专门指称皮纸札记簿的术语(皮纸卷子倒是有),可从侧面说明皮纸札记簿乃是罗马人的创制。

但真正用于抄写典籍的册子本,其最初问世乃是在公元1世纪80年代。罗马诗人马提亚尔(Martial,约40—104)曾作《谐谑诗》(Epigrams),在卷一第2首中,他向读者推销自己的诗集,其中有这几句:

> 你若想带着我的书四处游走,
> 若长途跋涉需要陪伴,
> 请买吧,皮纸将它们缩进狭小的页面:
> 书箱尽可以送给贵人,我的书你单手即可握住。(第1—4行)

所谓"书箱"(scrinia),指专门用来存放卷轴的箱子。书箱送人,则暗示新书就不当是卷子本。马提亚尔所推荐的本子,大概是某种用皮纸制成的袖珍本,文字可以压缩进有限的空间。这种本子最大的优越之处,就是携带方便,适合经常出游的读者。马提亚尔无疑是在向不熟悉册子本的读者,大力推销这种新潮的书籍形式。

在《起源考》第六章中,两位作者从3世纪初年的罗马法学家著作中找到了极有价值的材料。乍一看去,法学家与书籍制度会有什么联系呢?原来在判例中,或在涉及民法具体问题的讨论中,书籍形式成了绕不开的问题。比如，如果有人在临终时，将名下的财产赠予他人，而这笔遗赠中还包括书籍，那么问题就来了：所谓"书"（liber），其内涵到底为何？用来抄写典籍的卷子本，自然而然属于法律所界定的"书"。但我们上文所提到用来打草稿、以册页装装帧的札记簿，还算法律意义上的"书"吗？又比如，尚未抄写文字的卷子或者皮纸叶子，能算"书"吗？若缮写完毕，但未经后期处理、未加装订者，也要算作"书"而交付受赠人吗？在如何界定遗赠书籍的法律辩论中，法学家意外地给古典文献学提供了帮助。在《学说汇纂》（*Digest*）中，有3世纪的法学家引述前人意见，认为：凡卷子本，不论其材料为何，都可称为"书"；而册子本，无论是纸草还是皮纸，甚至包括蜡板、皮纸札记簿，也都可入"书"的范围。另一位法学家则走得更远，他甚至说，任何书写形式，只要有固定边界将文字框范，都可以称为书。这样一来，"书籍"便成了一独立自足的概念，与制作材料、形制没有必然关系了。罗马法学家在不经意之间，赋予了册子本合法身份。

至此，《起源考》完成了一半的工作。册子本在卷子本独霸天下的时代，先从古代版牍中获取灵感，又在1世纪后半叶由马提亚尔这样的诗人大力推介，特别又得到法学家的肯定和加持，到了3世纪初，似乎已获得合法地位。但若考虑卷子本的文化权威，士人对卷子本的青睐，尤其是传世文献中提到册子本的地方简直是寥若晨星，我们很难想象这样一种主要用于日常俗务的书籍形式，竟会在未来两个世纪中大放异彩，逐步淘汰了卷子本。追溯这个转化过程，寻找册子本后来居上的主要原因，这是《起源考》后半部的重点，也是最引争议的部分。

基督教对册子本的"痴情"

从第七章开始,对册子本的讨论逐渐从文献记载转到出土写本。两位作者利用当时所能见到的所有纸草文献的整理本以及编目,对于年代定为公元4世纪之前的写本做了统计。他们挑选的范围仅限于抄写典籍的纸草卷子和册子本,不包括文书、档案类的文献。他们先着眼于写本的形制,区分卷子本和册子本,将两类写本的数量和比例精确计算出来。由此得到的统计数字,与学界对古代图书形制的看法大体相符。比如,被学者定为1世纪和1—2世纪的所有写本中,卷子本高达460件,而册子本只有5件。比例之悬殊,一目了然。所有定为3世纪的写本中,卷子本有406件,而册子本有93件,册子本占所有这一时期写本的18.5%,已能看到渐有上升的趋势。随时间的推移,这种趋势一发而不可收。定为4世纪的出土写本中,册子本已占到73.5%,而5世纪写本中,册子本已占绝对优势,比例高达90.5%。

上述统计数字,是基于写本的装帧形式,而不考虑抄写文本的内容。我们不难看到,册子本从1世纪和2世纪的绝对少数派,一跃而成为4世纪和5世纪书籍形式的主流。两位作者同时发现,册子本的使用是和基督教紧密相连的。若单独考察与基督教相关的写本,就会发现,4世纪之前几乎所有的圣经写本,都抄在册子本上。在基督教写本中,只有部分讨论教义、破除外道的论书,是写在卷子上的。既然最早的圣经写本都是册子本,两位作者就推测:或许正是因为基督教对册子本有所偏爱,才直接导致了册子本的崛起。这样的假设一旦形成,则原本高度专业化、相对"偏门儿"的书籍史和纸草学研究,就忽然与宗教史发生了深刻的关联。

于是，纸草学和写本学就不限于描述性的研究，不限于单纯释读、著录、注释、整理出土写本，而忽然从一个意想不到的角度，切入到教会史、罗马史这些更广阔的领域。

基督教对册子本的偏爱，这并不是罗伯茨和斯基特首次发现的。上一代写本研究的权威凯尼恩，在《古希腊罗马的图书与读者》一书中，已注意到在出土的纸草册子本中，绝大部分乃是基督教文献。⑩ 此书第二版出版于1951年，凯尼恩所能寓目的写本远非今日可比。但在20世纪30年代，凯尼恩已经使用了"痴迷"一字（addicted），来形容基督教对册子本的重视。但罗伯茨和斯基特则把研究向前推进了一步，他们尝试从教会史的角度，来解释此种对非主流书籍形式的偏爱。

册子本取代卷子本，必有实质性的原因，而我们最先想到的，是新的书籍形式独有的优势以及它所带来的便利。两位作者在第九章，详细讨论了我们所能想到的所有实用方面的考虑。比如，会不会出于经济考虑，人们才放弃卷子，转而使用更廉价的册子本？尤其明显者，抄写典籍的卷子本一般只使用卷子的正面来书写，而册子本像如今的翻页书一样，是双面书写。如此一来，使用册子本会不会节省了抄写的费用，从而全面降低了写本制作的成本？另一个显而易见的现象，就是册子本所能容纳的文本要多于卷子本。这也就是当初诗人马提亚尔为自己诗集的册子本打广告的主要原

---

⑩ Frederick G. Kenyon, *Books and Readers in Ancient Greece and Rome*, p. 96. 凯尼恩依据当时的材料，做了一点统计。截止到1926年出土的奥克西林库斯纸草文献，3世纪之前不见册子本。抄有教外典籍（pagan literature）的3世纪写本共有106件，其中100件为卷子本，只有6件册子本。而同样抄于3世纪、载有基督教文献的17件写本中，只有7件为卷子本，8件为纸草卷子本，2件为羊皮卷子本。而到了4世纪，卷子本的数量大幅下降。

因。原本需要抄在多张卷子上的长篇文本,如今可以轻而易举地压缩进单手就能握住的一册书,既不占空间、又便于携带,正仿佛现在的电子阅读器一样方便。又比如,册子书明显更便于翻检。读者若想查找某段文句,可以直接翻到某页,这要比将10多米的长卷一幅一幅展开,自然省事、快捷得多。

但是,出人意料的是,册子本具有的所有这些便利条件,两位作者在反复衡量之后,认为都不足以让读者果断放弃卷子本。首先,从出土的基督教写本来看,当时的抄工完全没有经济头脑,根本看不出敬惜字纸的态度。不少圣经写本,天头和地脚所留的空白很大,对于页面的书写空间,看不出精打细算的痕迹。另外,如果抄工愿意,在抄写时完全可以缩小字号,改用蝇头小楷,以便在每页上尽量多抄文本。但是,我们发现,有些圣经写本字大行稀,对于书写材料完全是一派大手大脚的作风。再来看容量的问题。论到册子本容量之大,确实惊人。4世纪著名的《梵蒂冈抄本》和《西奈抄本》都是皮纸册子本,分别有1600页和1460页,可容纳基督教圣经全本。但是3世纪之前保留下来的册子本,长度没有超过150叶(leaves)的。就是说,只有到4世纪,册子本制作技术高度完善之后,压缩空间这一优势才能全面显示出来。而3世纪之前,册子本惊人的容量未必能为时人所认识。又比如册子本便于寻检这一点,看上去会大大方便读者查找和引证权威文本。可是,两位作者指出,准确的引证乃是现代规矩,古人与此未尝措意。当时本有简便的方法来确定某段文字的大体位置,可是古代的抄工却不加使用,足见大家对于精确引用经典文献,并无兴趣。总之,作者将册子本这些显而易见的实用优势一一破除,以证明册子本之勃兴,并不源于书册制度本身所带来的好处。于是,两位作者始将目光投向基督教本身。

教会的决断

基督教发源于犹太教,耶稣和最早的追随者都是犹太人。耶稣死后,保罗开始向外邦人传教,将这个新兴教派带出巴勒斯坦的穷乡僻壤,进入更广阔的世界舞台。罗马主流社会对基督教的轻视、蔑视和敌视,加上几次局部的迫害,都没能阻止这个教派生根发芽。最终,在君士坦丁大帝的治下,基督教得到宗教宽容政策的保护,至4世纪末成为国教。基督教获得了合法身份和主导地位,是在4世纪,而一向为士人所轻视的册子本也是在4世纪完成了对卷子本的逆袭。一个不受待见的教派,逆潮流而动,固执地使用不受待见的书籍形式。这样看来,基督教和册子本几乎同步完成了转型,由边缘走到中心。这两个事件之间,难道会存在因果关系?

罗伯茨在1954年发表的《册子本》一文中,对于册子本取代卷子本的原因,已给出了一个初步解释。早期教会流传一种说法,认为《马可福音》的作者乃是彼得的同伴。彼得在耶稣死后,据说曾到过罗马。彼得是加利利地区的农民,平日说当地方言,肯定不会说罗马帝国通行的"官话"——希腊语。根据这一传闻,马可或许是陪同彼得去罗马的同伴,或许因粗通希腊文而为彼得作翻译。彼得对耶稣言行的追记,被译成粗浅的希腊文,得以流传。当马可将彼得的回忆形诸文字时,他面临的问题是选择何种书籍形式。罗伯茨在这篇文章中,认为马可平日所交游者,多是"犹太和外邦人的商贾、商贩、被释放的奴隶或奴隶",而这些人由于他们的社会地位以及相应的书写习惯,往往"使用蜡板或皮纸札记簿来完成记账、通信、法律事务以及公务"(第187页)。马可正因为和这样一群底层民众终日盘桓,所以自然而然启用他们所习用的书籍形式来记录彼得的回忆。上面这段话，《起源考》一书几乎没做任何改动(见本书边码第55页)，只是将推测的听众的具体职业(商贩、奴隶等等)删去。

目前出土的纸草写本，绝大多数出自埃及。如果认为基督徒启用册子本，是马可在罗马开的先例，那么又如何解释这种书籍形式迅速传到埃及呢？尤希比乌(Eusebius，约265—340)在其《教会史》中，记录了另一段传闻：据说亚历山大城的教会是马可一手创立的。罗伯茨据此推测，马可的文字记述传到埃及，册子本的形制保留不变，而书籍的质料则自然使用埃及盛产的纸草。由于《马可福音》所享有的权威，也由于册子本的圣经与犹太人以及罗马知识界普遍采用的卷子本有显著不同，所以保留册子本，对于基督徒来说，别有"一情感与象征的价值"(《册子本》，第189页)。而在《起源考》中，罗伯茨将sentimental(情感的)一字删去，只保留"象征价值"。

这个早期的推测，到了1983年出版的《起源考》一书中，已被两位作者放弃。一来，马可与亚历山大城教会之间异常紧密的关系，只是一段教会传闻，根本无从证实。二来，在当时出土的圣经写本中，《马可福音》只有1件，单就数量而言，远远不及《马太福音》和《约翰福音》的写本多，在早期教会中的地位也没有那么崇高。所以，认为马可先启用了册子本，此后这部福音在传抄过程中，各地信众都严守马可定下的规矩，在书籍形式上不敢越雷池半步，道理有些说不通。另外，罗伯茨以为彼得抵达罗马之际，所交游的多为下层民众，故而最早一批罗马基督徒出自社会底层。而这一阶层的民众在处理日常事务时，多采用册子本，所以，最早的福音书抄在册子本上，恰恰是最早信徒之社会身份所决定的。但是近来的许多研究表明，在基督教流行初期，接受此种新信仰的人绝不仅限于底层民众。⑪ 如果在罗马最早的教徒中，有相当数量的人来自富庶阶层，那么以社会身份来推测册子本的使用，就愈发不够稳妥了。

在《起源考》一书中，两位作者又提出一新说。若罗马的教会没有提供册子本流行的原动力，那么只有在基督教发源更早的地区来寻找，比如耶路撒冷或者安提阿(Antioch)。犹太教的口传律法中，很多没有形诸文字的断案或者拉比的语录，往往记录在版牍之上，其中就包括用纸草制成、册页装形式的写字板。两位作者推测，耶稣当年的传道，或有可能被记录在纸草写板之上，后面再附上一段受难的故事，便形成福音书的雏形。公元66年犹太战争爆发，70年耶路撒冷沦陷，此后，安提阿就在希腊化世界中成为基督教传播的中心。就这样，由于首部福音书写在纸草册子本上，而福音书具有无上的权威，因此册子本也就自然而然成为基督教认可的唯一书籍形式。

前后两种假说，看上去结论不同，但考察基本思路，却都基于同样的前提。我将两位作者立论的前提，大致归纳为三点，而这三个前提，目前看起来，都未必能站得住脚。第一，早期基督教写本，特别是圣经写本，几乎全是册子本。根据作者的预设，这说明基督教必然是主动、有意识甚至故意采用在文化上不具尊贵地位的书籍形式。第二，解释基督教对册子本的偏爱，必须诉诸这种新兴教派的经书在形成和传播时的特殊历史条件。若根本经典的稿本或者最早传抄的副本因某种原因，恰巧为册子本，那么此后册子本这种书籍形式就被赋予光环，不得随意更动。换句话说，作者的前提

---

⑪ 这方面比较有代表性的著作是 Wayne Meeks 所著的 *The First Urban Christians: The Social World of the Apostle Paul* (New Haven: Yale University Press, 1983)。

是:经书的神圣,保障了经书所采用书籍形式的神圣。第三,册子本的起源,必定可追溯到某个爆炸性的事件,或者是历史上某个起点。这第三个前提,被后来的学者比作"宇宙大爆炸"。

"大爆炸理论"

剑桥大学神学教授格兰姆·斯坦顿(Graham Stanton)在2004年出版的《耶稣与福音书》(Jesus and Gospel)一书中,用了"大爆炸理论"("Big Bang" theory)一语来概括罗伯茨、斯基特的理论特点,非常贴切。在他看来,《起源考》是在不断寻找解释册子本诞生的单一动因。持"大爆炸说"的学者,都在寻找一个时间上的零点、原点,一个不断积蓄能量的临界点。一旦到达此临界点,则天崩地裂,不可逆转。《马可福音》也罢,安提阿的影响也罢,都被当作册子本横空出世的时间原点。

这种"大爆炸"的思路,在1983年之后的三十多年里,仍然影响着不少学者对册子本起源的研究。这里挑选两部重要的著作,稍作讨论,以见《起源考》一书的影响以及对册子本起源问题的持续讨论。

美国学者甘布尔(Harry Y. Gamble)的《早期教会的书籍和读者》出版于1995年。[12] 书中第二章《早期基督教图书》用了不少篇幅讲到册子本(第48—66页)。甘布尔详细介绍了《起源考》一书的主要观点,并在一条注释中,对于数量有限的出土写本是否有统计上的代表性提出些许疑虑:"在这件事上,统计数据多少有些不

---

[12] *Books and Readers in the Early Church: A History of Early Christian Texts*, New Haven: Yale University Press, 1995.

可靠,因为保存下来的材料可能具有偶然性,还因为古文书学家对于具体写本的断代,意见并不总是一致"(第268页,注32)。但他基本接受了罗伯茨和斯基特的理论预设——"基督教使用册子本,是极端反常的现象(a genuine anomaly),需要加以解释"(第54页)。只是,甘布尔认为《起源考》给出的解释难以成立。他沿着罗伯茨的思路,另立新说,认为最先以册子本形式流通的基督教文献,不是某部福音书,而是保罗书信。虽然他的具体结论与《起源考》不同,但其出发点以及立论的前提,却与罗伯茨几乎完全一致:"依这样的假说,早期基督教采用册页装,既不是由情势所驱动,也不是随意的决定,而是由于册子本对基督教文本确有优势,而产生的一种深思熟虑的决定"(第63页)。甘布尔同样是从基督教自身寻找册子本流行的决定性因素。在他看来,采用册子本,乃是源于最早一批基督徒的"决定",是一种有意识的、主动的选择,而这个新奇的意念必定产生于某个时间"零点",而且完全是由基督教内部的需要而产生出的决断。这等于强化了罗伯茨的观点和预设:书籍制度的改变,其原动力与基督教某种本质息息相关。再说得明确一些,书籍史的这一关键问题,需由教会史来予以解决。[13]

　　这样的思路,即使在立场不太明确的学者笔下,也能见到。先举一个早于《起源考》出版的例子。与罗伯茨同代的英国古文书学家特纳(E. G. Turner),曾于1977年出版过《早期册子本分类研究》。[14] 他对于截止到1975年11月披露、著录的出土册子本,

---

[13]　甘布尔在第5页曾提到过Wayne Meeks等人关于初期教会社会阶层的研究成果。就是说,1世纪的基督教人群不完全是社会最底层,不是城市无产阶级。但甘布尔在讨论册子本时,似乎并没有充分利用社会学的考察结果。

[14]　E. G. Turner, *The Typology of the Early Codex*, Philadelphia: University of Pennsylvania Press, 1977.

做了形制方面最全面的研究。特纳虽然明确说自己不讨论册子本的起源问题,但也对册子本竟然能取代独步天下的卷子本,表示出一点点有节制的好奇。他的说法是:"纸草卷子本在埃及的制书技术中根深蒂固,因此一定出现过一个巨大的冲击(a major shock),才能推动创新,导致卷子本最终为册子本所取代"(第40页)。寻找这样一个 major shock,显然就是罗伯茨、斯基特以及后来学者的研究目标。

另一个例子是英国学者荷塔多(Larry Hurtado)在2006年出版的《基督教最早器物:写本与基督教起源》一书。[15] 作者有鉴于新约以及教会史研究对出土的早期基督教写本了解甚少,所以将基督教写本领域的成果给予概括总结,以推动纸草学和古文书学之外的学术群体对这些写本给予更多重视。因写本就如早期基督教的铭文、墓志、墓穴等一样,也是器物之一种。这部书第二章就花了50余页,论述了册子本与早期基督教之关系。荷塔多没有提出自己的观点,仅限于在各家学说之间做调停折中。但观其行文以及基本的立场,似乎仍然致力于寻找一个爆发点。比如,他在书中多次使用像 stimulant、stimulate 这样的字眼,指的都是强大的推动力和强烈的刺激。

基督教推动还是罗马制书技术的传播?

近年来,对罗伯茨和斯基特的"大爆炸理论"最严厉的批评,来自当今纸草学的权威罗杰·巴格诺尔(Roger S. Bagnall)。他

---

[15] *The Earliest Christian Artifacts: Manuscripts and Christian Origins.* Grand Rapids, Michigan: William B. Eerdmans Publishing Company, 2006.

在2009年出版的《埃及早期基督教书籍》中,给基督教写本研究整体上泼了一瓢冷水。[16] 巴格诺尔用不少例子,指出研究者所持的基督教立场以及所怀有的基督教情怀,都会不知不觉影响对于出土文物的判断。一个突出的例子便是,学者都尽可能将基督教写本的年代上限往前推,在缺乏确证的情况下,大家乐于发现更多2世纪,甚至是1世纪末的基督教写本。要知道新约中成书最晚的文献,已经到了2世纪初年。如果真能找到1世纪末、2世纪初的写本,那么就极有可能是直接抄自新约各书作者原始稿本的文物,上面或许还沾着早期使徒的灵气儿。学术界给教外写本确定年代,一向更加慎重,而对于基督教写本则标准往往失之过宽。巴格诺尔举出的另一个更明显的例子,是学者们在编辑和刊布出土写本时,往往赋予基督教写本格外突出的地位。埃及的奥克西林库斯(Oxyrhynchus)是纸草出土最多的地点,从19世纪末至今,从当地发现的文献已经整理出版了70多集。第一集中编号为1号的是《多马福音》(The Gospel of Thomas)的残篇。为何单单将这一残篇编为"奥克西林库斯纸草第1号"?其中并无特别的原因,只是因为它与早期基督教的密切关系,才被赋予如此突出而显赫的地位。凡此种种,都说明学者自身的基督教倾向造成对基督教写本的格外关注,而这样的特殊待遇造成研究的失衡——数量较少的基督教写本,得到的关注却远远高于数量众多的古典典籍写本。

巴格诺尔在全书最后一章,专门讨论了册子本起源的问题。从《起源考》一书出版以来,陆续出版了更多的写本编目,所以现

---

[16] Roger S. Bagnall, *Early Christian Books in Egypt*, Princeton, New Jersey: Princeton University Press, 2009.

在学界所占有的出土文献,又非三十年前可比。巴格诺尔根据最新的数据,作了重新统计,结果发现,教外写本中,册子本的比例并不像罗伯茨和斯基特所述的那样低。就是说,即使基督教文献一边倒地抄写在册子本上,非基督教典籍其实也大量使用册页装。这样一来,基督教对册子本的偏嗜,就不那么有悖常情了,而书籍的抄写和制作中越来越多地使用册子本,也就不必非要依赖基督教的倡导和推动了。联想到册子本脱胎于罗马的版牍和札记簿,所以册子本取代卷子,或许与普遍的罗马化趋势有关,而并非源于一种宗教的首倡作用。巴格诺尔说,符合逻辑的推论是"其他地区更广泛、逐渐采用册子本,不过是我们简称为'罗马化'(Romanization)趋势的又一表现,也就是罗马人的习惯和技术推广到整个帝国"(第87页)。至此,巴格诺尔将册子本的起源和推广,与基督教所起的作用,作了彻底的切割。这对《起源考》一书所提出的假说,显然是釜底抽薪。罗伯茨、斯基特以及后来不少学者的研究目标,是要为册子本寻找一决定性的推动力,而这个"第一推动"就是早期教会。按照这种思路,正是早期教会在特定的历史时刻,因为风云际会,毅然决定采用册子本,这相当于按下了书籍制度大变革的核按钮。这样的"大爆炸理论"执意在基督教内部寻找原因,实际等于将历史进程的决定权交付给基督教。巴格诺尔则明确说自己没有任何宗教的"担当"或"负担",所以才能对这种基督教化的解释彻底免疫。

  无论如何,想以单一的原因来解释册子本的起源和流行,看来是行不通的。按照巴格诺尔的说法,基督教在这场影响深远的书册制度变革中,扮演的不是引领风潮的角色,而反倒可能是为"罗马化"大潮所裹挟,在书籍制度上也"随大流"。在罗伯茨和斯基特看来,早期教会横空出世,不仅在思想上、就是在书籍制度上也与古代传统一刀两断,所以他们提出的假说都强调教会与罗马社会的对抗和对立。巴格诺尔的批评,则冲破早期教会的框架,更全面地看待非基督教因素的作用,也由此褫夺了基督教影响书籍史进程的特权。最后若简单概括一下,不妨这样说:《起源考》的观点是,书籍制度的重大变革,当归因于教会史。而实际上,册子本取代卷子本,似乎应更多归因于社会史和技术史。

前　言

这本专著的前身是《册子本》("The Codex"),发表于《不列颠学院集刊》(*Proceedings of the British Academy*),1954 年第 40 期,第 169—204 页。它主要基于我于 1953 年 1 月为伦敦大学学院(University College, London)所设的"古文书学特别讲座"所作的两次演讲。这一期学报售罄之后,考虑到后来的发现以及有关这个题目的进一步研究,很明显,单单重印原书是远远不够的。由于当时我无法抽身,不能亲自修订,T. C. 斯基特先生慷慨相助,同意代我完成此项工作。本书对前文作了彻底的修订,在有些地方有增扩,这都要归功于斯基特先生。全书的结构以及前七章,由斯基特先生负全责。但是,我们二人始终通力合作,因此目前写就的这部书,代表我们两人的共同观点。

有两部著作极大减轻了我们的任务:埃里克·特纳爵士(Sir Eric Turner)的《早期册子本分类研究》(*The Typology of the Early Codex*,宾州大学出版社,1977 年),以及约瑟夫·范·海勒斯特神父(Abbé Joseph van Haelst)的《犹太与基督教纸草典籍目录》(*Catalogue des Papyrus Littéraires Juifs et Chrétiens*,巴黎,1976 年)。对这两位作者,我们深表感谢。

C. H. 罗伯茨

图版说明

1. 刻有字迹的蜡板,公元前 3 世纪。内容为在下埃及旅行途中花销的账目。每片蜡板的原件尺寸为 9.1 厘米×5.7 厘米。

由伦敦大学学院皮特里(Petrie)博物馆提供(入藏号 UC 36088,36089)。

2. 薄皮制成的札记簿,公元 2 世纪,上面记有雇佣的劳力和工价。原件尺寸为 7.7 厘米×11.8 厘米。

承蒙柏林埃及博物馆馆长和国家博物馆纸草收藏部主任沃尔夫冈·缪勒教授的帮助和许可(编号 *P. Berol.* 7358/9)。

3. 保罗书信的纸草册子本,公元 3 世纪。相连的叶子上,左边为《罗马书》11:24—33,右边为《腓立比书》结尾以及《歌罗西书》开头。原件尺寸为 19 厘米×30 厘米。

由都柏林的切斯特·比提图书馆提供(编号 *Papyrus II*, *ff.* 15*r* and 90*r*)。

4. 德摩斯梯尼《伪使》皮纸册子本,公元 2 世纪。图版显示的是对折的两页,略微缩小,每页上抄写两栏。原件单页尺寸为 19 厘米×16.5 厘米。

大英图书馆提供(编号 Add. MS. 34473, *art.* 1)。

5. 圣经的皮纸册子本,《西奈抄本》,公元 4 世纪。对折的两页上是《诗篇》19:8—23:5 的部分文字。原件单页尺寸为 37.6 厘米×约24.7厘米。

大英图书馆提供(编号 *Add. MS.* 43725, *ff.* 92*v*, 93*r*)。

6.画面上是一位年轻男子手持一部翻开的册子本,圣彼得和圣马可里努斯地下墓穴,罗马,公元3世纪。

这是艺术中对册子本最早的呈现。在更早的几个世纪中,无论是基督教艺术还是俗世艺术,卷子本都是书籍的象征。这幅画是例外。

由宗座圣地考古委员会提供。

第一章 引 言

在印刷术发明之前,书籍史上最重大的进展便是卷子本(roll)为册子本(codex)所取代。所谓册子本,我们不妨定义为:任何材料制成的叶子(sheets),勒为一编,对折,在背面或书脊处固定,经常有封套加以保护。册子本由何而来,向无疑问,它由用于书写的版牍(wooden writing tablet)演变而来。此种演变何时发生,本无太大疑问,但本世纪主要在埃及(但也并非局限于埃及一地)接二连三的考古发现,已促使学者留意文献记载的含义。但是此种演变为何会在某时代发生,册子本在何种人群中被首先使用,它为何会最终取代卷子本,这些问题则更加复杂,迄无定论。本书的目的,是要重新评估我们掌握的文献材料,并佐以对纸草证据的分析,然后提出一些至少是尝试性的结论。

相关文献浩如烟海,但大部分现今已过时,而且不准确,或者已被后来的考古发现证伪。本书无意编辑一部有关册子本及其起源和发展的文献目录。这一领域的所有研究者,首先要感谢特奥多·比尔特(Theodor Birt)的《与文学相关的古代书业》(*Das antike Buchwesen in seinem Verhältnis zur Literatur*,柏林,1882),以及他多年之后的后续著作《批评与阐释,附古代书业概论》(*Kritik und Hermeneutik nebst Abriss des antiken Buchwesens*,Iwan v. Müller,古代知识手册,第一卷第 3 部分,慕尼黑,1913 年)。作为一部文献资料集,比尔特的著作不可或缺,无需太多补充。但是他书中提出的解释却别出心裁。若以他的理论为指导,即使想理解这些文献,都有失稳妥。舒拔(W. Schubart)的《希腊人和罗马人的图书》(*Das Buch bei den Griechen und Römern*)(第二版,柏林,1921年;由E.保罗编辑的所谓第三版,海德堡和莱比锡,1961年,虽增加了插图以为点缀,却略去了第二版独具特色、极有价值的注释),迄今为止依旧是有关这一题目最可读、也是最可靠的导论。齐亚斯库(K. Dziatzko)的《古代书业若干阶段的研究》(*Untersuchungen über ausgewählte Kapitel des antiken Buchwesens*,莱比锡,1900年),有不少有价值的观点,他为《保利—维索瓦古代历史百科全书》(*Paul-Wissowa, Real-Encyclopädie*)中"书"和"图书业"两项词条所写的文章可作补充。特奥多·藏恩(Theodor Zahn)对基督教图书史料的处理,见其《新约正典的历史》(*Geschichte des neutestamentlichen Kanons*,柏林,1888年)第一卷,第60页以下。此书写作年代很早,却非常精彩,唯一美中不足的是,他采用了当时流行的看法,认为凡是纸草都不言而喻,必然是卷子本,而凡是皮纸(parchment)则必然是册子本。所有这些分析,甚至很大程度上包括舒拔的书,都写于埃及的考古发现尚未被充分理解之前。如今,这些新发现,就给这些作者曾引用过的文献资料带来不同的阐释。桑德斯(H. A. Sanders)的文章《现代书籍的肇始:册子本》("The Beginnings of the Modern Book: the Codex",见《密执安大学季刊》[*University of Michigan Quarterly Review*],第44期,15号,1938年冬,第95—111页),是利用这些出土发现来尝试重估这一问题的好例子。① 在本

---

① 另可见C. C. McCown的两篇文章,《新约中的册子本与卷子本》("Codex and Roll in the New Testament"),《哈佛神学研究》(*Harvard Theological Review*),(转下页)

书第一版之后发表的研究著作中,必须要提到洪格(H. Hunger)、施泰格缪勒(O. Stegmüller)等人合著的《古代和中世纪文学传播史》(*Geschichte der Textüberlieferung der antiken und mittelalterlichen Literatur*,苏黎世,1961年),特别是洪格撰写的47—51页以及布希内(K. Büchner)撰写的346—350页。维阿克(F. Wieacker)的《古典法学家之文本分层研究》(*Textstufen klassischer Juristen*,哥廷根科学院历史语文学所文丛,系列三,第45种,1960年),特别是第四章《卷子本和册子本,纸草与皮纸》("Rolle une Codex, Papyrus und Pergament"),讨论了与他的主要论点相关的从卷子本到册子本的过渡问题。他的观点是,古典法学家(乌尔比安[Ulpian]、保路斯[Paulus]等人)的著作最先以卷子形式流通,然后大约在公元300年左右转写在册子本上,而与这种转换同步发生的是,他们自己对著作加以重新编辑。克莱伯格(Tönnes Kleberg)的《古代书业与出版》(*Buchhandel und Verlagswesen in der Antike*,达姆施塔特[Darmstadt],1969年),包括《古代制书业和书籍形制的补充说明》(*Exkurs über die Buchherstellung und die Formen des Buches in der Antike*),对此问题有精彩的概括。埃里克·特纳爵士(Eric Turner)的《早期册子本分类研究》(*The Typology of the Early Codex*,1977年),虽然提供了册子本所有形制方面的丰富信息,但明确表示对册子本的起源不作任何讨论(见第1—2页)。最近的研究是卡瓦罗(Guglielmo Cavallo)的综合著作《古代世界的图书、编辑者和公众》(*Libri, Editori e pubblico nel mondo antico*,1975年),在本书第十二章会谈到。另外要补充的是,罗杰·帕克(Roger A.

(接上页)1941年,第34期,第219—250页,以及《最早的基督教书籍》("The Earliest Christian Books"),《圣经考古学家》(*The Biblical Archaeologist*),1943年,第6期,第21—31页。

Pack)编辑的《希腊罗马时代埃及出土的希腊文、拉丁文典籍写本编目》(*The Greek and Latin Literary Texts from Greco-Roman Egypt*,密歇根大学出版社,第一版,1952年;第二版,1965年;分别简写为帕克《编目》第一版和第二版[Pack¹和Pack²]),使得收集基督教文献之外的材料,任务大大减轻了。本书的前身,材料基于帕克《编目》第一版。现在根据《编目》第二版,我们作了修订,还根据其他的写本编目做了更新。基督教文本方面,库尔特·阿兰德(Kurt Aland)和约瑟夫·范·海勒斯特(Joseph Van Haelst)的编目(下文第38页会提到,见边码,下同,不另行说明)都具有突出的价值。

  本章是开场白,结尾加一句提醒,可能非常适宜。我们的材料几乎全部出自埃及,但并不出自亚历山大城这个文学研究和目录学的中心,而是来自众多的外省城镇和村庄。②出土地点数量有限,偶然因素多,所以我们必须小心谨慎。比如,我们不能想当然地认为,保存下来的不同时期的卷子本和册子本的比例,或者纸草和皮纸的比例,一定能反映古代世界的一般情况。从奥克西林库斯(Oxyrhynchus)和安提诺伊(Antinoë)两个不同的城址出土的材料,其间竟能发现相似处,这多少能让人安心,③但两地相距不足100英里,若有一致之处,也在意料之中。下文第36—37页上的数据,根据的是帕克《编目》第二版,并有增添,但得出的观点和本

---

  ② 关于考古发现的分布,见E. G. 特纳的《希腊文纸草》(*Greek Papyri*, 1968),第四章《发源地与缮写的地点;写本发现的地理分布》,第42—53页。这部书1980年的平装版在第201—202页增加了补注。所有知道出土地点的纸草典籍中,超过一半来自奥克西林库斯,可参看莫滕斯(P. Mertens),《第十二届国际纸草学大会论文集》(*Proceedings of the 12th International Congress of Papyrology*),第303—304页。

  ③ 莫滕斯,同上书,第304—307页。

书第一版根据《编目》第一版所得出的一致,这也让人松了一口气。但我们也必须记住,除了少量孤立的发现,新增材料的大部分仍来自与从前相同的地区,而且所增添的奥克西林库斯的材料,实际上在帕克《编目》第一版出版之前,大部分就已经出土了。

下面这两段话概括了在评估材料时所遇到的困难和危险,此处不妨引用。第一段话来自前文提到过的克莱伯格的《古代书业与出版》(第 67 页):"这样的描述只能显示古代书业历史的片断特征。但事实上,我们必须指出,我们所了解到的有关古代生活的所有细节,都是一些片断性的插曲,必须把它们汇集到一起,从不同角度加以探讨,以不一定十拿九稳的结论加以补充才行。古代日常生活的大部分领域大都如此。古代作家很少给我们提供完整、连贯的描述。我们一般只能满足于散见于大部分传世文献和铭文中的零星提示。"④

同样的观点,很久之前就由祖克教授(F. Zucker)说过了,而且说得更透辟。这是他为欧利(K. Ohly)的书《标准行计算法研究》(*Stichometrische Untersuchungen*)所作的书评(*Gnomon*,第 8 期,1932 年,第 384 页):"我想作一点概括,在图书业里,我们比平时更多依赖选择性。材料相当不规则,在有些方面极其丰富,而有些方面又极其贫乏。最要紧的是,我们必须警惕,不要拿某些对我们来说似乎是不证自明的空泛的概念,来填补知识的空白。"

---

④ 舒拔在《希腊人和罗马人的图书》第二版第 36 页,也有类似的提醒。

第二章　纸草与皮纸

上章已经强调，书籍册页装（codex form）之起源与书籍所使用的材料，是截然不同的两事。本书所研究的历史阶段，从头到尾，纸草（papyrus）与皮纸（parchment）均广泛使用，只是流行的程度自有差别。这一阶段开始时，纸草卷子是主导的书籍形式，而这一阶段结束时，皮纸册子本则一统天下。但没有任何证据显示，质料的改变是否影响到书册制度的改变，或者反过来，书册制度是否能影响书籍的材料。能确定的是，纸草卷子、纸草册子、皮纸卷子和皮纸册子，都曾经是完备的、可接受的书籍形式。[①]在不同地区、不同年代，很多世纪以来，上述每一种形式都一直使用。

不过，既然有人严肃提出一种理论，认为皮纸的使用越来越广泛，终以某种方式推动了从卷子本到册子本的过渡，[②]那么我们就最好先来简单考察这两种材料。

先来看资料来源。我们研究的这一时期，纸草历史的方方面面，已由纳夫塔里·路易斯（Naphtali Lewis）在《古典时代的纸草》

[①] 将纸草册子本称为"冒牌货"（见维阿克前引书，第100页），或者称之为皮纸册子的"替代品"（前引书，第97页，第22条注释），都是错误的。

[②] 即使在相对晚近的著作中，比如阿恩斯（E. Arns）之《圣哲罗姆所记述的图书技术》（*La Technique du livre d'après S. Jérôme*, 1953），也竟然说（第23页注释）："册子本一般用皮纸制成。"

(*Papyrus in Classical Antiquity*, Oxford, 1974)一书中做了充分研究。这部书是其名著《希腊罗马时代埃及的纸草产业》(*L'Industrie du papyrus dans l'Égypte gréco-romaine*, Paris, 1934)的增订版。研究皮纸的同类著作一直付诸阙如，但最近里德(R. Reed)出版了一部极为翔实的、注重科学和技术方面的研究，《古代兽皮、皮纸和皮革》(*Ancient Skins, Parchments and Leathers*, Seminar Press, 1972)。③理查德·约翰逊(Richard R. Johnson)的加州大学博士论文《古希腊罗马时期皮纸的作用》(*The Roles of Parchment in Greco-Roman Antiquity*, 1968, 由 University Microfilms 以缩微胶片和复印本两种形式出版)，是一部很实用的历史和文献资料集，可以补充里德一书。

古代有一说，认为皮纸是公元前 2 世纪在帕伽玛(Pergamum)被"发明"的。约翰逊的一个主要贡献，就是收集和澄清了有关这一说法混乱、相互抵牾的记载。所谓"发明"一说，实则毫无根据，因为毛皮与皮纸在西亚肯定早已普遍使用。还有一种"禁运"说，认为托勒密家族嫉妒帕伽玛的图书馆日益兴盛，于是下令禁止向帕伽玛出口纸草(他们如何可能一面采取这一措施，一面还能持续向地中海世界其他地区供应纸草?)。④ 约翰逊证明此说为妄诞。他的结论是：实际情形是，在安提阿古·伊皮法尼斯(Antiochus Epiphanes，公元前 170—前 168 年在位)入侵埃及期间，埃及的纸草供应中断，所以帕伽玛当局不得不依赖皮纸。也正是在同一时期，帕伽玛学者将这一新材料引入罗马。毫无疑问，当时在罗

---

③ 可对比同一作者稍晚的著作，《皮纸的性质和制造》(*The Nature and Making of Parchment*, 1975)。

④ 【译注】作者之意，在于单独针对帕伽玛实施惩罚性禁运，毫无意义。因该国可从邻国轻易获得埃及出口到地中海周边其他国家的纸草。

马,人们也同样深感纸草之匮乏。⑤这个意见对我们的研究十分重要,有助于解释下一章要讨论的话题:皮纸札记簿(parchment notebooks)在罗马的发展。⑥

要解释皮纸为何最终取代了纸草,人们已举出很多原因。虽然大部分原因对册子本的起源和发展影响甚微,但这里不妨简要讨论一下。

纸草与皮纸的质地经常被拿来作比较,前者往往略逊一筹。⑦在正常情况下,两种材料的耐久性是不容置疑的。我们可以举很多例子,证明写在纸草上的文字经久不灭。但现在看起来,我们不必多此一举,因为"纸草不够坚固耐用"这一谬说,已为路易斯(前引书,第60—61页)权威地予以驳斥,希望再无疑议。同时,路易斯轻易地破除了另一个流行的误解,即人们以为纸草本身是一种质地脆弱、易碎的材料。⑧他证明纸草其实极其牢固、柔韧性好。

---

⑤ 在随后发表的一篇文章中,《古代与中世纪对"发明"皮纸的记述》("Ancient and Medieval Accounts of the 'Invention' of Parchment"),《加州古典时代研究》(California Studies in Classical Antiquity,1970年第3期,第115—122页),约翰逊重复了他论文中第22—49页的大部分材料,有时是一字不落,但材料作过重新安排和增加。但是,他省略了对Reifferscheid观点的长篇驳斥(第25—32页),后者将塞维尔的伊西多尔(Isidore of Seville)书中找到的记述归于苏维托尼乌斯(Suetonius)。

⑥ 当然,没有任何理由相信,在帕伽玛所使用的皮纸卷子采用了册页装。这是马尔夸特(Marquardt)的推测,见其《罗马人的私人生活》(Privatleben der Romer),第二卷,第819页。这些书必定是卷轴,可参看H. Ibscher一文(见下一条注释)第5页,以及约翰逊前引书,第56—57页。

⑦ 伊布谢尔(H. Ibscher)的文章《册子本》("Der Codex")是一个显著的例外,载于《装帧艺术年鉴》(Jahrbuch der Einbandkunst)1937年第4期,第3—15页。作者在第5—7页讨论了纸草和皮纸的耐用性,他的结论是:无论如何,在埃及的气候条件下,纸草占有优势。这也许是实情,但这些条件是埃及得天独厚的。

⑧ 参见维阿克前引书,第97页,第22条注释:"因为纸草很难折叠";或者第99页:"纸草叶子更难缝合,但可以分层叠放,不至碎裂。"

维阿克称,人们偏爱用皮纸来制作册子本,是因为纸草易碎,无法折叠。这一说法也是毫无根据的。

　　进一步的问题是:纸草和皮纸这两种材料,哪一种价格更昂贵。这一问题经常被讨论,却毫无结果,原因在于完全缺乏客观的标准。理查德·约翰逊引证了很多从前的意见(前引书,113—117页),⑨但最终得出的结论是:这一问题既无法回答,也没有意义。困难在于,我们手中没有出自同一历史时期、可资比较的纸草和皮纸的价格数字。路易斯搜集了纸草卷子少量的确定价格(前引书,第131—134页),⑩年代最晚的价格是10德拉克马3查库斯(10 dr. 3 chalk.),年代可定为公元3世纪。⑪但就其价钱而言,肯定早于3世纪后半叶的货币大幅贬值。相反,唯一记录在案的皮纸的确定价格,见于公元301年戴克里先(Diocletian)皇帝颁布的"最高价格敕令"(Maximum Price Edict)。⑫ 而我们根本无法将二者进行对照研究。

―――――――

　⑨　更多的书目,见维阿克前引书,第97页,第22条注释。
　⑩　尝试确定一卷标准的纸草卷子的长度,进而确定纸草的大致价格,请见T. C. 斯基特的文章《标准纸草卷子的长度以及册子本的价格优势》("The Length of the Standard Papyrus Roll and the Cost-advantage of the Codex"),刊于《纸草学与铭文学期刊》(*Zeitschrift für Papyrologie und Epigraphik*),1982年第45期,第169—175页。【译注】斯基特此文收入J. K. Elliott编辑的《斯基特圣经学论文集》(*The Collceted Biblical Writings of T. C. Skeat*,Brill,2004),第65—70页。
　⑪　【译注】路易斯书中搜集的纸草价格,指的是一卷纸草卷子的价格。但由于我们不知道这些卷子的长度以及纸草的质量,所以仍无法估算准确的价格。见路易斯《古典时代的纸草》,第132页。德拉克马(drachma)和查库斯(chalkos)乃是古希腊的货币单位。前者为银币,后者为铜币。
　⑫　可参看玛塔·吉阿切罗(Marta Giacchero)所著《戴克里先与同僚所颁布的敕令》(*Edictum Diocletiani et Collegarum*,1974)。我们讨论的这一条(7. 38)文字有残缺,但被大致复原如下:"Membranario in quaternione pedali pergameni vel crocati (denarii) xl."。大意是:4叶一叠(quaternion)或者8叶一叠(= 16页)的皮纸价格为(转下页)

虽然有上面的讨论,但即使纸草最坚定的支持者也不否认,质量好的兽皮是人类曾发明出的最佳书写材料。它极其坚固,正常情况下无比柔韧,不因岁月流逝而损毁,⑬而且表面光滑、平整,不仅非常悦目,而且为最精美的缮写和插画,提供了无限的可能。更重要地,相较于纸草,皮纸具有一个显著的优势:纸草的制作局限于埃及一地,而皮纸则不然。只要能获得足够数量的合适动物的毛皮,不论何地,均可制作皮纸。这一因素可能会产生的效果,后面将会讨论。

皮纸为何取代了纸草、何时取代,是个复杂的问题,详细的讨论已超出本书的考察范围。在西方和东方,纸草在实用方面虽早已为皮纸取代,但埃及的纸草制造一直持续到 12 世纪,⑭所以纸草的弃用不可能仅仅因为停止制造而引起。公元 641 年阿拉伯人征服埃及,大家历来认为这是纸草出口中断的原因。但这一事件过了很久,纸草甚至依旧能抵达西欧。⑮不管怎样,皮纸逐渐取代

(接上页)40 第纳尔。我们现在知道(与路易斯《纸草产业》一书第 154—160 页的观点相反),价格敕令还包含关于纸草的一节(33,1—4),但不幸的是,此节只有标题(περὶ χαρτῶν,"纸草"),以及几个零星字母保存下来。在佩陶斯纸草第 30 号(P. Petaus 30,公元 2 世纪)提到购买了一些 μεμβράναι(皮纸),但我们不知道指的到底是什么,其中包含多少皮纸,皮纸是空白的还是已写有文字。所以,8 件花费了 100 德拉克马,这个价格(存疑)并不能提供什么证据。

⑬ 参看老普林尼《博物志》13,70,将皮纸描写为"承载人类之不朽"(*rei qua constat immortalitas hominum*)。

⑭ 路易斯前引书,第 92 页,第 94 页第 10 条注释。

⑮ 参看路易斯前引书,第 90—94 页,以及萨伯(E. Sabbe)的文章《中世纪鼎盛期的纸草与皮纸》("Papyrus et parchemin au haut moyen âge"),载《纪念里昂·范·德·艾森历史论集》(*Miscellanea historica in honorem Leonis van der Essen*),第一辑,1947 年,第 95—103 页。

纸草,开始得要早得多。

如前述,皮纸之所以优于纸草,是因为不拘何地,都可以制造。初看起来,这是一个压倒性的优势,所以我们不应该问:"皮纸为何会取代纸草?"而反倒应该问:"皮纸竟然花了这么长时间才取代纸草,原因何在?"这里面有一个技术问题,迄今尚未被充分理解。纸草的制作,和制纸一样,基本上是简单、直接的过程,几千年来埃及人已将必要的制造技术发展成熟。而皮纸的制作则涉及不同的问题,下面几段话引自里德的《古代兽皮、皮纸和皮革》,清楚地阐明了这些问题的性质:

> 也许因为皮纸异乎寻常地坚固耐用,而制作方法非常简单,使得大多数人不曾想到其中会涉及许许多多复杂的问题……处理皮纸的关键,是在脱毛过程中,**同时**完成**拉伸**(stretching)和**晾干**(drying),此过程的关键是要产生特殊的改变,与制造皮革完全不同。这些改变是:(1)通过拉伸而造成表皮纤维网的重组;(2)将生皮中的液体成分脱水,使之变成一种坚硬、胶状的黏稠物,从而将此种新的、高度拉伸的纤维网形式永久固定。换句话说,生皮纤维**以拉伸的形式被固定**,不能再回复到原来松弛的形态。(第119—120页)[16]

> 中世纪皮纸制造者远胜于现代同行,因为在生皮被拉伸和脱水之前,他们就对生皮中的基质层(ground substance)[17]进行处理和改变……但是,现代皮纸生产者尚未理解的主要

---

[16] 在《皮纸的性质和制造》一书第43—44页,里德猜测,帕伽玛人的创新之处在于发现,"将生皮制作的药液成分予以简化,再加上将含水分的无毛生皮予以干燥的一种特殊方法(尽可能将其拉伸),这样便很容易得到平滑、紧绷、均匀不透明的页面"。

[17] 【译注】基质层指的不是浮在生皮表面的表皮,也不是肌肉,而是皮肤内的胶原纤维。

一点,可称为皮纸生产过程的完整性或整体性(integral or collective nature)。在同一操作中,许多不同效果的条件,需要**同时**提供。皮纸成品所必须具备的特性,在未脱水的生皮阶段就需要具备,因为皮纸工艺流程的特殊性质,一旦组织脱水,任何想改变成品的事后处理都受到极大的限制。(第124页)

这种方法采用了中世纪制造最佳皮纸的工艺,是更好的方法,因为它使得正脱水的生皮的基质层,当生皮在框子上被拉伸时,能变得"光滑",去除残存的纤细的皮毛。与此同时,清洗和磨平皮里(flesh side)的任何工艺,或者处理最终生产出的皮纸厚度的工艺,可以着手进行,用半月形的尖刀处理皮革的皮里……在未脱水的伸展的生皮上,进行这样的手工操作,这需要高度的技巧、速度以及身体的集中发力。(第138—139页)

前面所说,已足以显示,虽然早期中世纪的制造诀窍中包含看似简单的方法说明,但其背后是大量复杂的工艺细节,我们仍远远不能理解。因此,我们依然可以说,皮纸制造可能更是一门艺术,而不是一门科学。(第172页)

从上述论述中,可以清楚看到,如果皮纸制造业的规模足以挑战纸草的统治地位,那么这个产业不可能一夜之间诞生。有可能需要很多年,甚至若干世纪,通过反复尝试和失误,才能确定这一过程的细节,才能形成、训练出遍布罗马帝国的足够数量的劳动力。我们也必须想到它不得不面对的阻力,所可能具有的性质和规模。虽然我们对这个题目的了解实际上是一片空白,但显而易见,制造业的组织和纸草的分配必定规模宏大,有成千上万人参与,有巨额的投资来支持。仅此一点,就会对任何潜在的竞争对手构成巨大的阻碍。特别还有民众天生的保守倾向,大众不愿意放弃一种传统的、历经考验的书写材料。再加上已经提到的技术上的诸多困难,那么就很容易理解为何这种转换需要好几百年才能完成。

  我们希望这个简短的综述足以说明,从纸草过渡到皮纸,和从卷子本过渡到册子本,乃是性质完全不同的两个问题,而且彼此之间没有联系。我们现在就来讨论这后一个问题。

第三章　版　牍

写字的版牍(writing tablet),我们只需稍事讨论。版牍通常由两片或更多的扁平木片组成,或由夹子夹住,或用契绳穿过钻孔、将其连缀起来。版牍中央部分略略掏空,以备涂蜡,而中心则保留一小小的突起,这样当版牍合上时,蜡上的字迹不致受损。有时也用墨或白垩粉直接在木片上写字。版牍是希腊人所知最古的书写载体之一(甚至可能是最古的),①有可能是从赫梯人(the Hittites)那里借鉴而来的。② 荷马史诗已道及,在折叠的版牍或双折的记事板(diptych)上,普罗托斯(Proitos)刻上"致命的话语"(《伊利亚

---

① 当然,迈锡尼的希腊人使用泥板(clay tablets),还可能使用纸草(泥封包含纸草纤维的印记,参看马利纳托斯[Marinatos],《米诺斯》[*Minos*],卷一,第40页;波普[M. Pope],《不列颠雅典学院年刊》[*Annual of the British School at Athens*],第55期,1960年,第201页)。但迈锡尼文明覆灭之后,泥板和纸草都未能保留下来。

② 见温德尔(C. Wendel)的《希腊罗马图书与近东之比较》(*Die griechisch-römische Buchbeschreibung verglichen mit der des Vorderen Orients*),1949年,第91页。从尼姆鲁德(Nimrud)发现的一套象牙板(ivory tablets),年代定在大约公元前707—前705年,或可推测版牍起源于西亚。这些象牙板上仍保留一些黄色的涂蜡层,原来前后两面都铰接着(hinged),这样可以折叠成褶皱装(concertina-fashion)。而一起被发现的胡桃木版牍上面有穿孔,这样就可以用皮带子串起来(见《伊拉克》[*Iraq*],第16期,1954年,第65页及第97—99页;第17期,1955年,第3—20页)。同时期新赫梯人(Neo-Hittite)浮雕上对木质版牍的表现,见雷吉莫特(B. Regemorter),*Scriptorium*,12,1958,第177页以下的文章《新赫梯人时期的册子本》("Le codex relié à l'époque néo-Hittite")。

特》第 6 卷 168 行以下），目的是要致柏勒罗丰（Bellerophon）于死地。③ 对古典时代的希腊人而言，版牍源远流长，地位尊崇，非纸草卷子可比。④ 索福克勒斯的剧中，阿伽门农命人宣读希腊诸王的名册，名册就写在一块版牍上；在欧里庇德斯的残篇中，宙斯将人类的罪恶记录在版牍之上。⑤ 在希腊后期，任何不必永久保存的文字——书信、账单、簿册、学校作业、备忘、作家的草稿——都习惯写在版牍上。在公元前 5 世纪，已使用多叶（leaves）的版牍，⑥但是材料的性质会限制折页的数量，实际上，保存下来的古代样本中，

---

③ 【译注】《伊利亚特》卷六中，希腊英雄狄奥墨得斯（Diomedes）与特洛伊勇士格劳科斯（Glaucus）交战前，格劳科斯自述身世，其中便讲到这个故事。阿尔戈斯（Argos）国王普罗托斯嫉恨英雄柏勒罗丰，王后又诬陷柏勒罗丰贪恋自己的美色、欲行不轨，于是国王大怒，想出借刀杀人的计策。他差遣柏勒罗丰去吕西亚，将书信送交吕西亚国王，而信的内容则是让收信人杀死送信者。但柏勒罗丰有神灵的保护，普罗托斯的计策终未得逞。荷马史诗的引文用罗念生、王焕生的译文。

④ 关于此点，参看齐亚斯库前引书，第 138 页。他引用了马尔克斯（Fr. Marx）的一篇论文（我们未能寓目）。神灵在诗文中总是用 δέλτοι（版牍）、διφθέραι（皮革）、ὄστρακα（陶片）、σκυτάλαι（棍棒）（【译注】古代斯巴达人的公文，为了保密，将一小块皮子斜着缠绕在一根木棍上，然后在皮子上竖行书写。皮子一旦从棍子上取下，则字迹无法辨识。在外将兵的将军接信后，拿出同样粗细的木棍，将信缠在棍上，文字始能读通。后来这个字代指斯巴达的公文），除了 βίβλοι，也就是写有文字的纸草卷子之外，什么都用。参看科伊普（L. Koep）的《古代与基督教的圣书》（Das himmlische Buch in Antike und Christentum），1952 年，第 15—16 页。

⑤ 索福克勒斯的残篇（Pearson 辑本），第 144 条；欧里庇德斯残篇（Nauck 辑本），第 506 条。

⑥ 参看欧里庇德斯《伊菲格纳亚在陶里斯》第 727 行："这里有多叶的版牍"。舒拔评论说，πτυχή（折、页）并不严格指像木头这样坚硬的材料，因此这一段隐含的意思是从前曾使用过折叠的兽皮、纸草等等。这一说法有误，因为 πτυχή 可指两扇门中的一扇（folds of doors）。参看《里德尔—斯科特—琼斯希腊文大词典》（LSJ），以及波路克斯（Pollux），《字汇》（Onomast.），Bethe 辑本，卷一，第 207 页："以前只有两块折叠的写板，希罗多德才算作'对折写板'（δελτίον δίπτυχον），雅典人才（转下页）

没有超过10叶的。⑦今存最早的希腊版牍有7件,年代定在公元前3世纪中叶。所有版牍的表面都覆盖蜡层,有时是黑色,有时是红色。内容是记录尼罗河上一次旅行大概的花销。⑧罗马人和希腊人一样,也从很早开始就熟悉版牍。版牍不仅用于日常生活中非关紧要的场合,还用于法律文书和官方证明。作家用版牍做自己的札记簿,可读小普林尼对他叔叔老普林尼埋头写作的生动描述。⑨老普林尼身旁站着一名奴隶,把书念给主人听;同时还准备着版牍,随时准备用速记法记下需要摘录或记录的文字。卷帙浩繁的 commentarii(札记)便是从这些版牍(pugillares)中编辑的,写满160张卷子,每张卷子都是正反两面书写,字迹工整。这些卷子使用起来想必极其不便,尤其在编纂如《博物志》这样的著作时。奇怪的是,普林尼身边就放着版牍,他竟然没有想到以此为蓝本,发明册子本,因为只要将纸草叶子折叠起来、勒为一编,就可取代双面书写的卷轴。

多块版牍或者多叶的版牍,拉丁文准确的说法是 codex,不管所采用的材料是常用的木板、还是不常用的象牙。塞涅卡详述所

(接上页)算作'双叶写板'(γραμματεῖον δίθυρον),后来三叠或多叠的写板也算。"【译注】波路克斯(Juliux Pollux,大约公元2世纪),罗马的学者和修辞学家。主要著作是《字汇》(Onomasticon),该书按照主题划分,比如收集同义词以及表达同一主题的词汇。

⑦ 关于版牍的各项用途,见舒拔,《希腊人和罗马人的图书》,第24页以下以及第175页的注释。该书第24页上的图版是9张叶子的蜡板,但最初一定有10叶(见舒拔书中第175页提到的Plaumann文章)。Fouad 纸草第74号(P. Fouad 74)的年代是公元4世纪,其中提到并描写了一件10折页的版牍。

⑧ 由贝尔(H. I. Bell)和皮特里(Flinders Petrie)发表于《古代埃及》(Ancient Egypt),第3期,1927年,第65—74页。其中有3件的照片,见皮特里《日常器物》(Objects of Daily Life),图版59。本书图版1即是其中之一的复制。

⑨ 小普林尼,《书信集》,第三卷,第5封,15节以下。

谓"琐屑饾饤之学"(*inane studium supervacua discendi*),⑩指的是罗马人从希腊人那里传染的一种毛病。他举了一例,有人曾考证,公元前264年的双执政官之一,克劳迪乌·考代克斯(Claudius Caudex),他之所以名叫Caudex,是否因为"多张版牍联编,古人称之为caudex,因此现在称用于公务的版牍为codex"(*quia plurium tabularum contextus caudex apud antiquos vocabatur, unde publicae tabulae codices dicuntur*)。在监察官老加图(Cato the Censor)的时代,⑪tabulae和codex两字就已交替使用。西塞罗著作中经常出现这两个字,指用于商业目的的版牍。⑫但不论是当时,还是以后很长一段时间里,codex一字都不表示一册书。

现在简要讨论两条史料,过去一向被当作证据,证明在共和时

---

⑩ 《人生苦短》(*De Brevitate Vitae*),第13节。塞涅卡的记述可能来自瓦罗(Varro),瓦罗的话记载于Nonius Marcellus p. 535 M("古人称相联的多块版牍为codex":*quod antiqui pluris tabulas coniunctas codices dicebant*)。另可对比塞涅卡,《诘难》,第一卷前言,18段。

⑪ 老加图下面这段话出自弗朗托(Fronto),《致安多尼努斯皇帝书信集》(*Ep. ad Ant.*) i 2, p. 99 N:"我命人将抄录我讲辞的书取来……有人把版牍取来"(*iussi caudicem proferri ubi mea oratio scripta erat … tabulae prolatae*)。【译注】老加图的生卒年代为公元前234—前149年。弗朗托(Marcus Cornelius Fronto,约100—166),古罗马修辞学家和演说家。在马可·奥勒留皇帝以及维鲁斯(Verus)幼时,弗朗托曾任他们的拉丁文教师。今存弗朗托与奥勒留及其他几位安多尼王朝皇帝的通信,信中既有师徒间的闲谈,也有涉及文学和修辞学的话题。信中,几位皇帝对弗朗托执弟子礼甚恭,满纸"吾师"字样(*mi magister*)。有趣的是,这些与皇帝的往来通信,竟是19世纪初在米兰和罗马发现于"重写书"(*palimpsests*)之上。原来抄写弗朗托的抄本,上面覆盖的是基督教主教会议的记录。

⑫ G. E. M. de Ste Croix,《希腊和罗马的记账》("Greek and Roman Accounting"),载于《会计学历史研究》(*Studies in the History of Accounting*), A. C. Littleton和B. S. Yamey编辑,1956年,第41—43页;P. Jouanique,《西塞罗笔下的收入与支出账簿》("Le codex accepti et expensi chez Cicéron"),载于《法国与国外法权历史研究》(*Revue historique de Droit français et étranger*),第46期,1968年,第5—31页。

代,皮纸已经用于册页装。公元前 52 年,在克劳迪乌(Clodius)的葬礼上,暴徒冲进元老院,将木质家具和 *codices librariorum*(书记员的版牍)堆成火葬柴堆,后来火势猛烈,元老院都被焚毁。舒拔在分析这一段时,得出一奇怪的结论,他认为这些 codices 乃是元老院正式议事记录(Aktenbände)的卷轴。他虽未明说,但暗示这些记录写在皮纸上。这一假说实无任何证据,这一段中的 codices 只可能取当时普通的含义,表示上蜡的版牍,没有理由认为它可能有其他意思。⑬ 桑德斯指出,⑭暴徒之所以抢夺这些版牍,正因为它们和木质家具一样,极易燃烧,而皮纸则不易燃,要想点燃非常困难。⑮

第二条史料,众说纷纭,尚无定论。老普林尼记载,西塞罗曾提到抄在皮纸上的一部《伊利亚特》,可以装进一个核桃里(*in nuce inclusam Iliadem Homeri carmen in membrana tradit Cicero*)。老普林尼用这段话做例子(《博物志》第 7 卷,21 章,85 节),是想说明有人目力极佳。过去经常有人将此事斥为荒诞不经。⑯ 比如桑德斯就调侃说,⑰要想容纳整部《伊利亚特》抄本,那个核桃想必是一颗椰子。随后,为了把这个故事解释得更为圆通,他提议 *in nuce*

---

⑬ 认为元老院的正式议事记录写在版牍或者蜡板上,这一观点见 G. Cencetti,《共和时期罗马古代档案》("Gli archivi dell'antica Roma nell'età repubblicana"),刊于《意大利档案》(*Archivi d'Italia*),系列二,1940 年,第 7 期,第 14 页,注释 29。

⑭ "Codices Librariorum",《古典语文学》(*Classical Philology*),1934 年,第 29 期,第 251—252 页,以及《册子本》("The Codex"),第 98—99 页。科尔内曼(E. Kornemann)也持同样观点,见《保利—维索瓦古代历史百科全书》(*Pauly-Wissowa, RE*) "Tabulae Publicae" 词条;约翰逊前引书,第 65—66 页;波斯纳(E. Posner),《古代世界的档案》(*Archives in the Ancient World*),第 162—163 页;路易斯,《美国纸草学家协会期刊》(*Bulletin of the American Society of Papyrologists*),1974 年,第 11 期,第 49—51 页。

⑮ 皮纸加热后的反应,见里德的《古代兽皮、皮纸和皮革》,第 316—318 页。

⑯ 比如,约翰逊前引书,第 66—68 页。

⑰ 《册子本》,第 103—104 页。

的意思不是"在核桃壳中",而也可表示"在核桃木的木板上"。就是说,这个抄本必定是一本册子,以木板(比如胡桃木)装订起来。比拉贝尔(Bilabel)在《保利—维索瓦古代历史百科全书》"Membrana"词条里,采用大致相同的解释,以为是坚果树的木板制成的盒子。但是,有人已把道理讲得很明白,如果 in nuce 之义不是"在核桃壳中",那么整则故事就没有意义了。

问题在于,评论过这条史料的所有学者,都不曾探究过微刻艺术(microscopic writing)的问题,因而对这种独具匠心的工艺毫无概念。我们只举一个例子,大英博物馆"哈利抄本"第 530 号(Harley MS. 530)中(f. 14b),记录了一段轶事。伊丽莎白时代著名的抄工大师彼得·贝尔斯(Peter Bales)所抄写的圣经,字迹极其细小,可以装进胡桃壳中。如果彼得·贝尔斯在公元 16 世纪可以将整部圣经放进胡桃壳中,那么在公元前 1 世纪,把比圣经篇幅短得多的《伊利亚特》[18]放进同样小的空间,就并非不可能之事。但实际上,整个故事并不重要,这只是"文坛掌故"之一种,[19]在任何关于皮纸的使用[20]或册子本的起源这样严肃的讨论中,不应占一席之地。对于这样微不足道的逸闻,竟然给予了过多的关注,这只能说明一件事——我们手中的史料实在少得可怜。

---

[18] 粗略而言,圣经的篇幅约 6 倍于《伊利亚特》。

[19] 伊萨克·迪斯雷利(Isaac D'Israeli)之《文学奇闻录》(*Curiosities of Literature*, 1881—1882),第 99—100 页。迪斯雷利引用彼得·贝尔斯所抄圣经的例子,用来说明微刻艺术。迪斯雷利随后讨论了老普林尼这一段,谈到三个世纪之前【译注:指 17 世纪】,学者皮埃尔·达尼埃尔·于埃(Pierre Daniel Huet)已然说明,将一部微型《伊利亚特》抄进一个胡桃壳中,是完全可能的。

[20] 选择皮纸代替纸草,无疑受制于下面的因素:皮纸可以根据要求而削薄到任何程度,而纸草的薄厚则无法改变。桑德斯似乎认为这部抄本是一部册子本,但是双面抄写的卷子占据的空间更小,更容易在果核中容身。

第四章　从版牍到皮纸札记簿

将版牍的尺寸扩大、以容纳长篇文字,这不是希腊人、而似乎是罗马人的功劳(与希腊人不同,罗马人区分大板和可以单手握住的小板[pugillares])。可以肯定的是,罗马人继而迈出了决定性的一步,用更轻、更薄、更柔韧的材料取代了版牍。我们已看到,根据文献材料,罗马人在公元前2世纪中叶之前,就可能已熟悉作为书写材料的皮纸。但是如果皮纸就是为了取代纸草,如史料所示,皮纸就很可能像纸草一样用于卷轴装。① 不管怎样,很有可能在供应短暂中止之后,纸草又恢复了从前一统天下的地位。但皮纸也可用来书写,这个信息可能也随之传了下来。②

罗马共和时代最后几年的证据极少,解释起来颇有疑问。曾有人以为,克劳迪乌事件中,堆在火葬柴堆上的 *codices librariorum* (书记员的版牍)是用皮纸制成的,我们已经驳斥了这种理论。西塞罗在公元前45年致阿提库(Atticus)的一封信中,有"四部皮纸

---

① 参看本书前文第6页,注释6。
② 除了帕伽玛的尝试之外,皮纸肯定在公元前1世纪的普利艾内(Priene)被使用,参见约翰逊对当地铭文的讨论,前引书,第57—59页。这些铭文与当地的档案记录有关,这些档案以两种形式保存,"保存在兽皮和纸草上面"。铭文记录了名叫佐西姆斯(Zosimus)的官员,他想出了采用两种保存形式的创意,他有没有理解后来普林尼所强调的皮纸经久耐用这一优势呢?

书(διφθέραι)在你手中"一句。有人猜测,这些皮纸书的形制是卷子,但此段的解释有很多不确定之处,所以不能用作确凿的证据。③我们最多只能推断,西塞罗用希腊字 διφθέραι,这说明罗马知识阶层虽已知道皮纸可用作书写材料,但没有熟悉到需要从拉丁文中找一个固定的对应词。

讨论这一问题时,另有一段经常被引用,就是卡图鲁斯(Catullus)第22首诗第4—8行:

> 我想,他作过的诗行成千上万,
> 不像常人那样抄写在用过的旧卷上,
> 而是用了精美的纸草、崭新的卷子、
> 崭新的轴、红色契绳、皮纸封套,
> 全部以铅标线,用浮石磨光。
>
> *puto esse ego illi milia aut decem aut plura*
> *perscripta, nec sic ut fit in palimpsesto*
> *relata: cartae regiae, novi libri,*
> *novi umbilici, lora rubra, membrana*
> *derecta plumbo, et pumice omnia aequata.*

这几行诗有一些版本校勘问题,但和我们关系不大。至少,第7行 *membrana* 一词的意思没有什么疑问,它指的是皮纸做的封套,用来保护纸草卷子。但围绕 *in palimpsesto* 一语的意思,却引起过极大的争议。比如,有人曾说 palimpsest 意为"再次刮掉",就像后

---

③ 《致阿提库信札》(*Ad Atticum*),第13卷,第24封,第一节。另可参看沙克尔顿·贝里(D. R. Shackleton Bailey)的《西塞罗致阿提库的书信》(*Cicero's Letters to Atticus*),第5卷,第332封,以及379和380页的注释。【译注】贝里的书是对西塞罗书信的英译和注释,他对书信的编号有别于传统编号。

面几个世纪的皮纸抄本,将最初写上的文字除去,使得书写材料能再度被使用。④ 人们觉得纸草质地脆弱,无法承受如此剧烈的操作,⑤所以 palimpsest 一词暗示,此处使用的乃是皮纸。

这里多有误解。首先,这个字是希腊文,说明它创于希腊文化地区,而纸草乃是此文化区中标准的书写载体。所以,这个字至少在最初,一定指纸草,而不是皮纸。这点可由普鲁塔克的一句话证实。⑥他说柏拉图将叙拉古的狄奥尼索斯(Dionysius of Syracuse)比作一本 βιβλίον παλίμψηστον(刮去表面文字、重新抄写的书),因为僭主的痕迹仍能透过光滑的表面显露出来,正如誊写在纸草卷子上的文本被洗掉,但原先文字的痕迹仍有所保留。普鲁塔克还有一段话,"仿佛在涂擦重写书一样"(ὥσπ ερπαλίμψηστα διαμολύνοντες),⑦意思不如上一段一目了然,但也有可能指纸草,因为没有证据说明可能是皮纸。最后,这个字以拉丁文形式出现在西塞罗的一封信中:"在用过的纸上写,你的节俭值得称道;

---

④ 【译注】"重写书"(palimpsest)的意思是,原先抄写的文字被擦掉,卷子本或册子本就可以被再次使用。在古代晚期,基督教僧侣经常将抄有古典作家著作的书,做这样的处理。但是最先抄在书上的文字(即所谓 lower script),并不能被彻底清除,而是在新抄的字迹下面若隐若现。这就造成一种奇妙的"共生"现象,就是说,两个文本共存于同一页面。最著名的例子是西塞罗的《论共和国》,这部书现在唯一传下来的抄本就是一部"重写书"。西塞罗的文字被抹去,再抄上奥古斯丁的著作。下文中,E. A. Lowe 认为,去除原有文字的操作是非常"温柔"的,不是用力地刮削,而是轻轻地擦洗。也只有这样,我们才有可能复原最先被抄写的文本。

⑤ 【译注】指为了去除原先行写上的文字而必须要采用的涂抹、刮削等操作。

⑥ 《道德论集》(Moralia),779 C。

⑦ 《道德论集》(Moralia),504 D。【译注】普鲁塔克这里取笑的是爱唠叨的话匣子。这一句完整的意思是:"但是饶舌的人喋喋不休,让人耳根不得清净,就仿佛在涂擦重写书一样。"饶舌者翻来覆去说的话,在不停地骚扰、"磨损"听者的耳朵,就好比涂擦写满字的纸草一样。

但我好奇,那张纸草上以前写过些什么"(*nam quod in palimpsesto, laudo equidem parsimoniam*; *sed miror quid in illa chartula fuerit*)。⑧ 这里的 palimpsest 毫无疑问是纸草,因为它就相当于下文中的 chartula(纸草)。⑨

17   所以,所有证据都指向一个结论:"重写书"指的就是纸草。页面上的文字被去除,以便再次使用。

第二个误解所涉及的,我们姑且称之为涂擦重写的过程(palimpsesting process)。比尔特认为,⑩动词 ψάω⑪ 不一定表示"刮、擦"这样猛烈用力的动作。事实上,它指的不过是"磨平"或"摩擦",用以形容用海绵或布将文字从纸草上清洗掉这种举动,是非常贴切的。其实,即使在后世将皮纸涂擦重写,这个过程也远非一般人想象的那样剧烈。我们来看看娄(E. A. Lowe)是怎么说的:⑫"palimpsest 一字,尽人皆知,来自希腊文 παλίνψηστος,意思是再次刮或者磨。虽然这个字深入人心,但可能带来误解。比如,此段谈到的重写本的页面(membranes),一般只刮磨一次;其过程是轻轻洗刷掉原先的文字。如果皮纸页面像第一次那样彻底地再度被刮磨,那么要想重新辨认出原先的文字(lower script),就非常困难,几近不可能……"对纸草进行涂擦重写,我们还有一份独立的史料,保存在斯德哥尔摩纸草(Papyrus Holmiensis, O. Lagercra-

---

⑧ 《与友人书》(*ad Familiares*),卷七,第 18 书,第 2 节。
⑨ 试对比约翰逊前引书,第 60—61 页。
⑩ 《批评与阐释》(*Kritik und Hermeneutik*),第 290 页;另可对比约翰逊前引书,第 61 页。
⑪ 【译注】即动词 palimpsest 希腊文后一部分的词根。
⑫ 《重新抄写的册子本:最古的拉丁文重写书列表以及其起源的零星思考》("Codices Rescripti: A List of the Oldest Latin Palimpsests with Stray Observations on Their Origin"),见其《古文书学论文集》(*Palaeographical Papers*),第二卷,第 480—519 页。

ntz 编辑,1913 年)中的一份配方中(γ, 18—29 行)。这个配方主要制作用来漂白珍珠的一种软膏,但也用于从纸草上清除字迹:"这个配方亦可用于涂擦已抄有文字的纸草卷子,结果纸草看上去就像从未写过字一样……就纸草而言,它只抹去字迹。"拉格克兰茨(Lagercrantz)在注释中指出(第 160—161 页):"字典中 ψῶ 一字的意思是'刮''擦''涂'。对这一段而言,'清洗'的意思当然是不言而喻的,至于以何种方式来清洗,已完全不重要。通过刮擦,使得写在皮纸、蜡等等东西上的文字被抹去。但并不发生在纸草上,因纸草过于脆弱,不堪忍受这样的处理。但纸草经常被擦洗,严格说,πάλιν 一字有些同义反复(tautologisch)。"虽然拉格克兰茨没有进一步引申他说的最后一点,即 πάλιν 一词乃是同义反复,但毫无疑问,πάλιν ψᾶ (甚至可以写作 παλιμψᾶ)是动词,而παλίμψηστος 则是动词的形容词形式。这样,我们便可以译成"这个配方亦可用于涂擦已抄有文字的纸草卷子"等等。

但迄今为止,造成混乱的最大原因,乃是现代古文书学家为方便起见使用"palimpsests",或者用硬造出的拉丁文对等词"libri rescripti"(重新抄写的书),来表示重新抄写的**皮纸**抄本。结果,palimpsest 一字就和皮纸结下了不解之缘,而所有古代证据都被弃之不顾。此种错误已经影响了所有人对卡图鲁斯这一段的讨论,直至今天。

上面这部分虽有点离题,但确有必要,可以证明卡图鲁斯这一段与皮纸作为书写材料毫无关系,更不用说皮纸札记簿了。在卡图鲁斯诗中,苏菲努斯(Suffenus)[13]写的诗超过一万行,能写满三张正常尺寸的纸草卷子,用皮纸札记簿是绝对不够用的。这段说明,原来的文字被洗刷掉的旧纸草卷子,被作者用来打草稿,这在

---

[13] 【译注】此人即是卡图鲁斯诗中讽刺的人物。

当时是常态(*ut fit*)。⑭要想发表,就当然需将草稿交予抄工,做专业的誊写。卡图鲁斯此处意在讥讽苏菲努斯的自负和可笑,因为后者即使在打草稿这种初始阶段,也执意只用最精美的书写材料。

还有一条材料,与罗马共和时代的书写活动相关,见于苏维托尼乌斯(Suetonius)的《恺撒本纪》(*Divus Julius*)第 56 节第 6 段,⑮描写恺撒送交元老院的奏报的形制,有如下几句:"今存他呈元老院的书信。他似乎最先采用分栏书写和记事簿的形制,而从前,执政官和将军所送交的书信都写满全页"(*Epistulae quoque eius ad Senatum extant, quas primum videtur ad paginas et formam memorialis libelli convertisse, cum antea consules et duces non nisi transversa charta scriptas mitterent*)。可惜,这一段的意思完全不明。首先要确定恺撒的前任所使用的文书形制,因恺撒正是对此有所创新,突破前人。苏维托尼乌斯说,更早的奏报乃是"*transversa charta scriptas*"。齐亚斯库⑯、后来还有芒德·汤普森(Maunde Thompson)⑰都认为,这意味着奏报是以与卷子的长边相垂直的方式来书写的(因此和卷子的纵轴平行)。⑱有人提出反对意见,认为虽然这种书写方式

---

⑭ 奎因(R. Quinn)的翻译是正确的,他将 palimpsest 译成"用过的纸草"(second-hand papyrus)。见其《卡图鲁斯诗歌》(*Catullus: The Poems*),1973 年,第 157—158 页。

⑮ 见罗伯茨(C. H. Roberts),《苏维托尼乌斯〈恺撒本纪〉56 节第 6 段札记》('A Note on Suetonius, *Divus Julius* 56, 6'),载于《罗马研究期刊》(*Journal of Roman Studies*),1933 年,第 23 期,第 139—142 页;桑德斯,《册子本》,第 102 页。

⑯ 见前引书,第 124 页。

⑰ 《希腊和拉丁文古文书学引论》(*An Introduction to Greek and Latin Palaeography*),1912 年,第 46 页,注释 3。

⑱ 【译注】古代标准的方式,是将卷子展开,从左向右书写,每一行与卷轴成垂直角度,而与卷子的长边平行。由于卷子太长,所以采用分栏书写,每一栏形成一个方阵。而此处谈到恺撒之前写奏报的古法,似乎是将平铺的卷子(横轴)竖过来,形成一个立轴,然后从左向右书写,不分栏,每行都横跨整张卷子的宽边。

在公元前3世纪托勒密时代的纸草⑲以及在拜占庭时代的纸草中都有发现，但在二者中间的时期，无论是典籍纸草、还是文书纸草文献（literary or documentary papyri），都未发现此种书写方式。但是，如今大家似乎都同意，⑳这是 transversa charta 一语唯一的解释。特别是，另一种方式，也就是书写的字行与卷子的长边平行，乃是寻常的书写方法，本不需要花特别的笔墨。现在，我们必须要确定恺撒这种创举到底意义何在。首先，他肯定是一栏接着一栏、分栏书写的，paginas 一字只可能有这个意思。苏维托尼乌斯就这样很清楚地描述了书写的方法，然后才转而谈形制（ad formam）。有人称，这里提到的形制不过是正常的纸草卷子。若果真如此，为何苏维托尼乌斯觉得必须用一个不常见的说法 memorialis libelli（记事簿）？㉑如果他想说，这些奏报是按照普通的图书样式写成，㉒那么他很可能会简单用 ad formam libri（"以书的样式"）这样的词语。但是，如果 memorialis libri 指的是"札记簿"（note-book），

---

⑲ 托勒密时期的材料，见维格特（J. Vergote）的文章，《缪斯宫》（Le Muséon），1946年，第59期，第253—258页。

⑳ 见特纳的最新著作《"正面"与"背面"两个术语：纸草卷子剖析》（The Terms Recto and Verso: The Anatomy of the Papyrus Roll），"布鲁塞尔纸草学研究丛书"之16，1978年，第27—32页。

㉑ 《牛津拉丁文词典》（Oxford Latin Dictionary）中，memorialis 词条中所引的例子，都无助于我们准确理解 memorialis libelli 一语的含义。

㉒ 这是维格特（前引书）和凯尼恩（F. G. Kenyon）的结论，后者观点见《古希腊罗马的图书与读者》（Books and Readers in Ancient Greece and Rome），第二版，1951年，第57页，注释1。这也是特纳在前引书第32页上"更倾向于选择"的看法。【译注】凯尼恩此书已有中译本，苏杰翻译，浙江大学出版社，2012年。凯尼恩对苏维托尼乌斯这一段的注解，我从中译本中摘录几句（第145页）："恺撒的前任书写公文，喜欢将单张纸草作为一个宽栏，字行横跨整张。恺撒（大概写的内容更长）所发出的公文是以小卷的形式，其栏较窄，同于通常散文文学图书。"

或者,用更接近字面义的说法,"备忘录"(memorandum-book),那么我们可以猜测,恺撒可能将多张叶子(sheets)固定在一起,就像后面马上要讲到的皮纸札记簿(*membranae*)一样。或许有反对意见,认为苏维托尼乌斯按常理应当写 ad formam membranarum("按札记簿的样式"),但是若真这样写,可能会带来理解上的混乱,因为毫无疑问,恺撒使用的是纸草,就像前人那样(*transversa charta*)。㉓苏维托尼乌斯的意思是,恺撒改变了他奏报的形制,而不是书写材料。㉔

尤利乌斯·恺撒有可能发明了册子本(这里当然是纸草册子本),这一说法的确激动人心。但是考虑到这条材料的种种不确定性,是否真能得出这样的结论,值得怀疑。我们转到奥古斯都时代。贺拉斯的两段诗,为我们提供了更加可靠的证据:

你极少动笔,全年要求皮纸
不足四次,忙于修改作品(《讽刺诗》,卷二,第3首,1—2行)

Sic raro scribis, ut toto non quater anno
membranam poscas, scriptorum quaeque retexens(Sat. ii. 3, 1—2)

若你有朝一日
想写作,先让麦齐乌斯、或令尊、

㉓ 【译注】作者之意,membrana 一词,后世固定与皮纸联系在一起。作者推测,苏维托尼乌斯不愿意用这个字,因后文的"写满全页"(*transverta charta*),其中 charta 一字指的就是纸草。

㉔ 桑德斯(见前引书,第 102 页)相信,恺撒用的是皮纸,但此点实在找不到任何证据。除了苏维托尼乌斯的措辞之外,罗马军队好几个世纪都持续使用纸草,这也是一个反证。

第四章 从版牍到皮纸札记簿

> 或我本人过目,再封存九年,
> 皮纸藏于家中,而未曾流传者
> 你尽可以删除。(《诗艺》,386—390 行)
> Si quid tamen olim
> scripseris, in Maeci descendat iudicis auris
> et patris et nostras, nonumque prematur in annum,
> membranis intus positis: delere licebit
> quod non edideris. (Ars Poetica, 386-390)

可以看到,到这时候,用皮纸来给文学作品打草稿的做法,已然确立。第二段中提到删除,我们据此还可以得出结论,皮纸用于此种目的,因为它像蜡板或木牍一样具有可以再度利用的优势,因为墨可以轻易从皮纸上冲洗掉。㉕这一时期没有找到直接的证据,能说明这些"皮纸"(membranae)乃是由缝在一起或固定在一处的皮纸叶子构成,正如我们现在所称的册子本一样,但是考虑到它们之所以出现是为了取代蜡板,所以这样的可能性还是极高的。但下面就要论及,直到 1 世纪后期,这种可能性才变成确定性。无论如何,可以看到,到了贺拉斯的时代,表示材质的、单数形式的 membrana,与表示皮纸札记簿、复数形式的 membranae,其间的区分已开始出现。

皮纸札记簿在公元 1 世纪继续发展,珀西乌斯(Persius)的两行诗(约作于公元 55—60 年)曾提到。诗人将学生需要的物品开列出来:

㉕ 当时用碳墨,这使得冲洗变得更加容易,因碳墨不容易吸附在皮纸上。可参约翰逊前引书,第 102—103、109—110 页。在希腊罗马世界中,最早使用金属油墨(metallic ink)的例子,可能是《奥克西林库斯纸草》,第 44 辑,3197 号(P. Oxy. xliv. 3197),年代定为公元 111 年(可对比《奥克西林库斯纸草》,第 44 辑,第 169 页上的注释)。

> 我伸手拿书、脱去皮毛的双色皮纸、
>
> 几叠纸草、和系满绳结的芦苇笔。(《讽刺诗》之三,10—11行)
>
> iam liber et positis bicolor membrana capillis
> inque manus chartae nodosaque venit harundo(Sat. iii. 10-11)

诗中 *positis capillis* 一语("脱去皮毛")指皮纸制作过程中,为兽皮进行脱毛。"*Bicolor*"(双色)一字更难解释,但很可能指皮纸的皮里(flesh-side)和皮外(hair-side)在颜色上的差异,后者的颜色经常黄得多。㉖对于皮纸卷子来说,这样的差别不那么一目了然,因为所有皮纸页都被缝到一起,都是皮里一面朝上,皮外一面朝下。但对于以册页装装订的皮纸札记簿来说,尤其当页面的安排不够用心时,不同皮纸的皮里和皮外会贴在一起,这样一来,颜色的差别就非常明显。因此,这一段可以用来说明,至少在这一时期,*membranae* 就是以册子本的形式制成的皮纸札记簿。

最后一条证据见于昆体良(Quintilian)的著作(约作于公元90年),他给出下面的建议:"最好先写于蜡板之上,因涂擦最方便,只是目力不佳者会偏爱皮纸……但不管用何种材料,都必须留出空白页,以便随时添加"(*Scribi optime ceris, in quibus facillima est ratio delendi, nisi forte visus infirmior membranarum potius usum exiget … relinquendae autem in utrolibet genere contra erunt vacuae tabellae, in*

㉖ 桑德斯(《册子本》,第101页)和约翰逊(前引书,第72—73页)都这样认为。在多米尼库斯·博(Dominicus Bo)编辑的珀西乌斯作品集中(都灵,1969年),编者写道:"'双色'的意思是,部分是金黄色(参看尤福纳尔诗歌第七首23行以下的古代注疏),部分是淡黄色(参看奥维德《哀怨集》卷三,第一章,第3行);或者部分雪白,部分暗黑。"

quibus libera adiciendi sit excursio)。㉗这里提到蜡板和空白页,显示所涉及的是册子本。到昆体良这里,我们就已到达册子本历史发展的一个阶段:虽比版牍更进了一步,但仍不是一本书。

相同的趋势在当时法学家著作中得到单独的证实。乌尔比安(Ulpian)有一段话(将在下面第 30 页详细讨论),引述盖乌斯·卡西乌斯(Gaius Cassius)对书籍遗赠的看法。卡西乌斯是一位法学家,曾于公元 30 年担任执政官,死于维斯帕先皇帝(Vespasian)在位期间。这段话原文是:"盖乌斯·卡西乌斯认为,连皮纸也当归为遗赠的书籍"(*Gaius Cassius scribit deberi et membranas libris legatis*)。他提到的 *membranae* 毫无疑问指的是作家的札记簿。文中 *et*("连")一字显示它们的地位离正规书籍、也就是纸草卷子,还相差甚远。第二条证据见于《学说汇纂》(*Digest*),其中一段是法理学家涅拉提乌·普利斯库斯(Neratius Priscus)的话,提及 *liber sextus membranarum*("第六本用皮纸做成的书")。他是图拉真皇帝(Trajan)一朝的人。㉘ 有些学者曾认为这是很早提到册子本的

㉗ 《雄辩术教育》(*Institutio Oratoria*),卷十,第 3 章,31 节。可对比该书卷十第 3 章第 32 节,*mutatis codicibus*("更换书版")指整套蜡板。有趣的是,有两本保存下来的纸草札记簿,年代分别定为 3 世纪和 4 世纪,两本都像昆体良建议的那样,一页写字、一页留白。第一件是《大英博物馆藏典籍纸草写本目录》第 5 号 + 第 182 号(P. Lit. Lond. 5 + 182),字迹潦草,抄有《伊利亚特》第 2—4 卷,以及一篇语法著作,题目是《语法技艺》,收入乌特斯(A. Wouters)最新编辑的《希腊罗马时代埃及出土的语法纸草》(*The Grammatical Papyri from Graeco-Roman Egypt*),第二编,第 61—92 页。第二件内容庞杂,刊于《希腊与拉丁纸草》(意大利埃及出土希腊拉丁纸草研究会丛刊)第一辑,23 和 34 号,以及第八辑,959—960 号(P. S. I. i 23 and 34; viii. 959—60)。本书图版二是 3 世纪的一本皮纸札记簿,用于商业目的。我们还可以注意一本抄有荷马史诗的皮纸册子(应该算是册子本),年代定在 3 世纪(但不确定),书页的背面是空白(P. Berol. 10569 = Pack^2 689)。

㉘ 《民法大全》包括了所有 7 卷书中的引文,参看勒奈尔(Lenel),《重生》(*Palingenesia*),第一卷,765—774 栏。

一例。㉙ 但此处的 *membranae* 一字更有可能是标题。Membranae 是法庭上广为人知的词,用于标题,就如同称其为《律师札记杂集》(*Jottings from a Lawyer's Notebook*)一样。㉚

　　本章开篇已提到,所有证据均指明,皮纸札记簿创自罗马人,而非希腊人。公元 1 世纪唯一提到皮纸札记簿的希腊作家是使徒保罗,清楚地证实了这一点。在《提摩太后书》4∶13,他写道:"我在特罗亚留于加布的那件外衣,你来的时候可以带来,那些书(βιβλία)也要带来,更要紧的是那些皮卷(μεμβράνας)。"㉛保罗使用了一个拉丁字,这表明他所指的东西并没有广为人知的希腊文名称。而且这也排除了皮纸卷子,因为希腊文中本有现成的 διφθέραι 一字。因此我们可以得出结论,保罗之"皮卷"(μεμβράναι)与同时代罗马人之 *membranae*、即皮纸札记簿,其性质是一样的。

　　㉙ 舒拔前引书,第 114 页以下。

　　㉚ 桑德斯也这样认为,《册子本》,第 103 页:"标题 membranae 似乎让人想到更早的讼师所使用的私人札记簿的原始形制和材料。"维阿克也同意,见前引书,第 105 页以及注释 78。齐亚斯库前引书,第 135 页,也大体持此观点。将发表的著作冠以这样的标题,还有一个一模一样的例子,是法布里西乌斯·维安托(Fabricius Veiento)的"证词",他在尼禄在位期间受迫害,见塔西陀《编年史》第 14 卷,50 章:"法布里西乌斯·维安托也受到相同的指控,他写下大量文字,诽谤中伤元老院议员和大祭司。他将这些书称为 codicilli"(*Haud dispari crimine Fabricius Veiento conflictatus est*, *quod multa et probrosa in patres et sacerdotes composuisset iis libris quibus nomen codicillorum dederat*)。

　　㉛ 斯基特的文章《"更紧要的是那些皮卷":对〈提摩太后书〉4∶13 的一点说明》('Especially the Parchments': a note on 2 Timothy iv. 13),刊于《神学研究期刊》(*Journal of Theological Studies*)1979 年第 30 期,第 173—177 页,说明此处 μάλιστα 一字("更紧要的")表示一种界定,将前面较宽泛的"书"(βιβλία)加以具体化,就是说,这些"皮卷"就是上面提到的"书"。推测这些皮卷的内容为何,完全是徒劳的(见斯基特一文第 177 页)。保罗一开始将这些皮卷说成"书",这一点也无特殊之处,因为早期基督徒不会在意文学或法律上的这种分别。【译注】斯基特这篇文章,收入《斯基特圣经学论文集》,第 262—266 页。

除保罗以外，1世纪和2世纪中，唯一提到皮纸札记簿的希腊作家就是盖伦(Galen)。在其《医药配方》(*De Compositione Medicamentorum*)中，他讨论了如何配制一剂据说可抑制谢顶的药。他提到，有一友人克劳迪阿努斯(Claudianus，也是一位名医)在一部皮纸札记簿中偶然发现了配方。这本书是原来的主人去世之后，他才得到的。[32]盖伦为何特意记录保存配方的这部书的形制，不甚清楚，或许要显示此方出自私人的抄撮，本无意发表。

我们不必再深究皮纸札记簿，因为在公元1世纪结束之前，册子本在演变为一种抄写典籍的书籍形式(a literary form)的进程中，已迈出惊人的一步。后来证明，这也是决定性的一步。我们将在下章加以讨论。

---

[32] 《盖伦文集》，库恩(Kuhn)编辑，xii. 423：" 借他书的人去世后，我们的朋友克劳迪阿努斯在皮纸札记簿(ἐν πυκτίδι διφθέρᾳ)上发现了这样写下的药方。"(可对比 iii. 776，盖伦提到白色的札记簿[λευκαὶ διφθέραι]对视力有害。)

第五章　马提亚尔与作为典籍形式的
　　　　册子本首次出现

　　皮纸札记簿本身并没有将我们带到多远。在罗马帝国前两个世纪中,士人阶层只认可一种、也是唯一一种书籍形式——卷子。传统的力量不容小觑,即使当册子本已普遍用于书籍,奥古斯丁使用册子本来写信时,仍觉必须先要致歉。①哲罗姆自重身份,觉得自己既是士人又是学者,所以即便藏书都是册子本,但他写信时仍中规中矩地用卷子。②卷子本一统天下的地位受到挑战,最早的朕兆见于公元1世纪晚期。前面已讨论过(第18页),苏维托尼乌斯特意提到尤利乌斯·恺撒以别出心裁的方式书写他的奏报。他为何如此留意此事,答案可在他同代人马提亚尔(Martial)的诗中找到。在诗中,我们发现诗人首次明白无误地提到以册子本流通的文学作品。③这一证据限于《谐谑诗》(*Epigrams*)卷一第2首,这首诗是为卷一和卷二修订之后重新结集而作的前言。④还有就是《农神节礼物》(*Apophoreta*)中不少诗行。所有这些诗句都是在公

---

　　①　《书信》第171封。

　　②　马卢(H. I. Marrou),《基督教守望》(*Vigiliae Christianae*),1949年,第3期,第208页以下;阿恩斯(E. Arns),《圣哲罗姆书中记载的图书技术》(*La Technique du Livre d'après S. Jérôme*),第120页,第122页注2。

　　③　马提亚尔本人从未用codex一字称诗中提到的那些书。

　　④　或者也有可能是卷一到卷七的合集。

元84—86年间完成的。⑤《谐谑诗》卷一第2首如下：

你若想带着我的书四处游走，
若长途跋涉需要陪伴，
请买吧，皮纸将它们缩进狭小的页面：
书箱尽可以送给贵人，我的书你单手即可握住。
怕你不知道哪里有售，怕你盲目地
满城游荡，我来指点，你放心前去：
去找博学的卢坎西斯释放的奴隶塞孔都斯，
就在和平神殿入口和雅典娜神坛后方。

Qui tecum cupis esse meos ubicumque libellos
Et comites longae quaeris habere viae,
Hos eme, quos artat brevibus membrana tabellis：
Scrinia da magnis, me manus una capit.
Ne tamen ignores ubi sim venalis et erres
Urbe vagus tota, me duce certus eris：
Libertum docti Lucensis quaere Secundum
Limina post Pacis Palladiumque forum.

第14卷中描写为庆祝农神节（Saturnalia）而准备的礼物，既有奴隶、银盘，也有骰子和牙膏，其中就包括许多版牍和书籍。版牍当中，有些用象牙或珍贵木材制成，有一套据说所用材料为皮纸（*pugillares membranei*）。书籍当中，有些仅有标题，比如提布卢斯（Tibullus）、萨卢斯特（Sallust）、米南德之《泰伊思》（Thais），这些

---

⑤ 关于这些谐谑诗的年代，参见达夫（J. W. Duff）在《牛津古典学辞书》（*The Oxford Classical Dictionary*）1970年第二版撰写的 Martial 词条（附书目）。也可参弗里德兰德（Friedländer）的《民俗史》（*Sittengeschichte*）第4卷（英译本），第36页以下。

书肯定是纸草卷子。而其他图书,共计5部,⑥在作者名字或作品标题后面,都出现 in membranis("写在皮纸上")或 in pugillaribus membraneis("写在皮纸写板上")字样,⑦后一种说法证明,这些图书是册子本,强调的是所描绘的图书体积小。若我们将这五首短诗放在一起来读,就会注意到,就像卷一第2首一样,马提亚尔是在向不习惯册页装的大众,大力推广皮纸册子本这种书籍形式。他指出这样的书对旅行者有多么方便,或者与卷子本相比,册子本会让藏书楼节省空间。⑧有学者已注意到,⑨抄在这些册子本上的作家都是经典作家,而当红作家或挑剔的藏书家肯定不会轻易接受让人联想到教室或账房的书籍形式。我们可由此推断,这些书籍乃是用来吸引能识文断字的中产阶级。

也曾有人疑惑,这些书是收录全文的正常的本子,还是某种选本或摘抄。⑩在荷马和维吉尔两个例子中,这样的疑惑当然是

------

⑥ 具体说,第184首(荷马),第186首(维吉尔),第188首(西塞罗),第190首(李维),第192首(奥维德,《变形记》)。

⑦ 到底应该写成 membraneis 还是 membranis,见比尔特《古代书业》,第85页。比拉贝尔(F. Bilabel)在《保利—维索瓦古代历史百科全书》"Membrana"词条中,指出马提亚尔的用语也出现在《拉丁铭文集成》(*CIL*) x. 6. 8 一段不知年代的铭文中,铭文中有 *pugillares membranacei operculis eboreis*("带象牙护封的皮纸写版")一语。他认为这里所记录的书是献给阿波罗神庙的礼物。

⑧ 请参看本书后面第九章讨论册子本胜过卷子本的理由,不管这些理由真实与否。

⑨ 比如,比尔特,《艺术中的卷子》(*Die Buchrolle in der Kunst*),第31页,以及《概论》(*Abriss*),第353页。

⑩ 参看凯尼恩《古希腊罗马的图书与读者》,第二版,1951年。在第94页,针对关于李维的那首诗,他这样写道:"由此看来,这些显然并非所列作家之著作的正常的本子,而是某种缩微本,很可能是节选或者梗概。"凯尼恩很可能想到的是 *artatur* 一字(下面会详细讨论),只是没有明说罢了。【译注】凯尼恩的引文,用苏杰的译文,见该书中译本,第188页。

不成立的（论维吉尔的那首诗，其中有"超大开本的维吉尔"[*immensum Maronem*]一语，若是选本，则讲不通）；而抄有奥维德诗作的书，作者明确说明包含全本的《变形记》。抄有西塞罗著作的书，肯定不过是一部选集，但那本李维却带来了问题。请看下面这两行：

> 卷帙浩繁的李维，我的图书馆
> 无法全部容纳，却压缩进少量的皮纸中
> *Pellibus exiguis artatur Livius ingens*
> *Quem mea non totum bibliotheca capit*

这两行诗，真的表示 142 卷的全本李维，全部以册子本的形式制作吗？

　　这一点有人根据外证和内证，都曾怀疑过。内证基于马提亚尔所用 *artatur* 一词。比尔特最初在《古代书业》(*Buchwesen*) 一书中（第 85 页以下），认为这些册子本包括上述每位作家的全部作品（西塞罗除外，因马提亚尔的诗使我们相信，应该只有一两部西塞罗的著作包括在内）。但当比尔特写《概论》(*Abriss*) 时，他就认为马提亚尔提到的**所有书**，一律都是概要或者选本。但至少有两首诗，即第 186 首（维吉尔）和第 192 首（奥维德），拉丁文的意思非常明白，可他完全置这些证据于不顾。为了证成己说，比尔特借助 *artare* 一词的意思（第 349 页），称这个词隐含有梗概或者节本的意思。他想当然地以为，马提亚尔在卷一第 2 首中用同一个词（*hos eme, quos artat brevibus membrana tabellis*）来谈他自己早期诗作的合集，这代表这部新版仅仅是选集而已。实际上这个理论没有任何证据。

　　coartare 一词早在西塞罗时代就指将演讲词加以删节，以便发

表,就这点而言,比尔特的观点能够成立。⑪而且 artare 在后期拉丁文中,是表示删节的专门术语。但是,这个词也可以表示"压缩"或者"限制"(也就是说,限定在书的封面和封底之间的空间)。当哲罗姆说:"《以斯帖记》和《尼希米记》压缩为一卷"(*Esdras et Neemias in unum volumen artantur*,《书信集》53,8),或者当他提到"十二小先知书合在薄薄的一卷"(*duodecim prophetae in unius voluminis angustias coartati*,同上),⑫他的意思肯定不是删节。但对于比尔特的观点最有力的反驳,是奥利弗(R. P. Oliver)提出的意见(仅举一例)。⑬他指出,如果这些册子本(包括李维)"是节选或梗概,那么这些讽刺诗就毫无意义,因为一部概要当然短于原作,这一点丝毫不足以令人惊奇"。

还有一种反对意见,认为若全本的李维都是册页装,必定卷帙浩繁,这与马提亚尔描写的其他礼物相比,不成比例,因为很多礼物的尺寸都非常小。因此,凯尼恩在《古希腊罗马的图书与读者》第二版中(第94页),说"就像把李维全部的142卷作为圣诞礼物一样荒谬"。⑭但是,奥利弗再次指出,⑮"这份礼物肯定价格不菲,但相较于一个好厨子(卷十四第220首)、第203首中描写的精明强干的西班牙姑娘、或者第214首中的一整套戏班子,毕竟便宜许

---

⑪ coartare 的意思为"删节",可见西塞罗《论演说家》(*De Oratore*),第1卷,第163段;塞涅卡,《道德书简》第94书,27节。

⑫ 十二小先知书,依照 Nicephorus 的标准行计算法(stichometry),包含3000标准行(stichoi),可以轻易地装进一本很薄(对比 angustias 一字)的册子里。

⑬ 《美国语文学会会刊》(*Trans. Am. Phil. Ass.*),1951年,第82期,第248—249页。

⑭ 【译注】中译本,第188页。

⑮ 也可参看阿斯彻(L. Ascher),《马提亚尔时代的李维节录?》("An Epitome of Livy in Martial's Day?"),《古典学刊》(*The Classical Bulletin*),圣路易斯,1969年,第45期,第53—54页。

多"。简言之，我们没有理由否认，这里所提到的李维可能就是未删节的一套全本。⑯

这些谐谑诗还提出另一个问题，尚无答案。《农神节礼物》(*Apophoreta*)中所谈及的礼物分为两类，一类准备送给富人，另一类则准备送给穷人。因此，这些礼物的价值自然不同，有些很贵重，有些则很便宜。这一卷的谐谑诗每两首一组，按照马提亚尔自己的解释(卷十四第1首："按抽签，得到富人和穷人的礼物"[*Divitis alternas et pauperis accipe sortes*])，一首诗写贵重的礼物，另一首则写便宜的礼物。但如果不将这些诗的次序重新整理，就无法断定，纸草书必然比皮纸书贵，或者相反。⑰ 不管怎样，这一卷诗的前后顺序极有可能已被打乱。如此一来，人们争论纸草和皮纸哪种材料价格更高(见上文第7页)，迄今无定论，而这些谐谑诗就不能用作争论的证据。

马提亚尔的册子本似乎为旅行者而设计，并非针对藏书家。将经典作家的作品做成袖珍版重新推出，可算当时的艾尔泽维尔(Elzevirs)，⑱甚至不妨说是当时的"企鹅丛书"。在当时，这可算一项创举。若不是创举，则没有理由强调它们优于卷子，马提亚尔也就不会在卷一第2首诗中，特意写出出版商的地址，好让人前去购买。苦苦挣扎的作家和有商业头脑的出版商一道大力推广这种书籍形式，但这样的创新是否成功，则是另外一个问题。稍后会看到，我们有理由认为这个创新并不成功，因此不能视为版牍与现代书籍形式之间最重要的联系。众所周知，利用文献缺乏而做文章

---

⑯ 约翰逊完全支持奥利弗，前引书，第77—78页。

⑰ 认为皮纸册子本是给富人的礼物，最近持这种观点的是约翰逊，见前引书，第78—79页。【译注】指认为皮纸书比纸草书价格更昂贵。

⑱ 【译注】艾尔泽维尔家族是17世纪和18世纪初期荷兰著名的出版世家，以出版12开本书(duodecimo)而知名于当世。

(arguments ex silentio)是很危险的,特别是在版本目录学方面(冷静想一想,假如马提亚尔的诗没有流传下来,那么我们对册子本历史的解释就会截然不同)。但值得注意的是,在马提亚尔创作活动后期,他不再提皮纸册子本,也不再提出版商塞孔都斯。在公元1世纪和2世纪中,其他古典作家的著作中也没有任何人再提到用于抄写典籍的皮纸册子本。这些作家,比如两位普林尼、苏维托尼乌斯、奥鲁斯·盖利乌斯(Aulus Gellius)、硫善(Lucian)、爱利乌斯·阿里斯蒂德(Aelius Aristides)或者盖伦,他们全是读书人,而且流传下来的作品相当可观。我们在前面第22页提到盖伦的一条材料,一定和皮纸札记簿相关。⑲

传世文献中再也没有提及皮纸册子本,但我们或许可以举出现存最早的拉丁文皮纸册子本的残篇。这部残篇出自一部史书,题为《马其顿战记》(De bellis Macedonicis),作者不详,在奥克西林库斯出土(但最初的来源不一定出自埃及)。根据残篇的书体和拼写,学者已经令人信服地将其年代定为公元100年前后。⑳目前,在埃及发现的拉丁典籍的遗篇中,这部残篇算是独一无二。仅次于这部残篇,最古的拉丁文皮纸册子本也许要算保路斯(Paulus)《案例》(Sententiae)的莱顿残篇,年代是3—4世纪。㉑最古的

---

⑲ 约翰逊在前引书第80页注释1,反对将希腊文作家包括进来,理由是:他们不太可能了解罗马人的创新。这固然有道理,但却忽视了一点:硫善在定居雅典之前,在高卢和意大利活动,而盖伦一生最后四十年里,大部分时间在罗马度过。我们还不应该忘记在埃及出土的拉丁文文学文本。

⑳ 《奥克西林库斯纸草》第一辑30号,亦见于E. A. 娄,《古拉丁文册子本》第二卷(第二版)第207号,以及《补编》第47页(P. Oxy. i 30 = E. A. Lowe, C. L. A. ii². 207 and Supplement, p. 47)。特纳在《早期册子本分类研究》第38页上,认为年代为2世纪初,但在第128页编号497,又认为是1世纪。

㉑ E. A. 娄,《古拉丁文册子本》第十卷,1577号(C. L. A., x. 1577),年代定为4世纪。该篇列为特纳前引书,第126页,473号,年代定为"3—4世纪"。

拉丁文纸草册子本,年代没有更早的了。说到底,由于出自埃及的早期拉丁残篇数量相对稀少,[22]再加上我们怀疑它们是否能如实反映罗马和欧洲西部的阅读习惯,所以我们必须警惕,不要根据如此单薄的证据便得出任何结论。

概括而言,就我们所知,马提亚尔的尝试似乎刚刚开始便夭折了。如果我们追问原因,可以找到一个明显的答案:当时,以及整个2世纪,希腊对罗马文化生活的影响很可能超过其他任何时代。因此,在文学领域里(我们可以猜想,书册制度受制于习俗,实不亚于创作所受的限制),罗马人天性务实,他们的发明创造是不会太受重视的。还有另外一个原因,已在第二章中讨论过了:要想大规模生产皮纸、保证皮纸充足的供应、以替代纸草,这方面还存在技术上的困难。

在结束有关马提亚尔的讨论之前,尚有最后一点需考虑。在上文分析的几首诗中,由于册页装与皮纸的使用密不可分,所以学者们普遍认为,皮纸册子本的出现先于纸草册子本,而且为纸草册子本提供了样本,这是不言自明的道理。而时至今日,这一点就没有那么确定了。埃里克·特纳爵士在其《早期册子本分类研究》第3章《皮纸与纸草孰先孰后?》(第35—42页),已详细讨论了此问题。他提出的问题颇中肯綮:"若纸草册子本确定是以皮纸册子本为模型,为何在早期它还会发展出各种古怪的形式(后面会说明,古怪的形式也会延伸到其外形)?"[23]对此问题,目前尚无答案。不能排除另一种可能性:即使纸草册子不早于皮纸册子出现,它可能是与皮纸册子平行发展。目前,这个问题远未解决。

---

[22] 卡维纳里(R. Cavenaile)编辑的《拉丁文纸草合集》(*Corpus Papyrorum Latinarum*),1958年,著录了将近400件拉丁文纸草。而反观迄今已发现的希腊文纸草,估计有3万件。

[23] 特纳,《早期册子本分类研究》,第40页。

第六章　法学家的证据

上文已述,马提亚尔的尝试过了一个多世纪,文献中对册子本的发展只字不提。这种情况下,古典法学家所提供的证据就格外受欢迎,尤其是我们期待他们能记录普遍的社会态度,而不是仅仅反映单个作家的个人嗜好。①

罗马法学家必须明确"书"和"藏书"这些词的准确含义,特别是遗嘱或遗赠中出现的这些词。他们必须面对的一个问题,就是如何区分图书和作家的手稿或札记。这个问题本与我们关系不大,但这一问题的提出,本身就能说明一本皮纸札记簿很容易获得书籍的地位。与本书相关的唯一问题是:册子本算得上是一本书吗?乌尔比安在211年到217年之间有关遗赠的著作中,这样写道:"所谓'书',包含所有卷子,无论用纸草、皮纸,还是任何其他材料。但即使如有些人所为,用椴树(philyra)或欧椴树(tilia)或用任何其他树皮为材料,亦称'书'。但若采用册子本的形式,材料则或用皮纸、或用纸草,甚至用象牙或其他材料,又或用蜡板,是否仍叫做书?这需要我们来探讨。盖乌斯·卡西乌斯曾认为,遗赠的书中,甚至皮纸札记簿,也应算作'书'。故而,若不违背立约

---

① 这一点舒恩鲍尔(E. Schönbauer)论述极好,见 *IVRA*,1961年第12期,第137页。

人之意愿,其他类型也应算作书。"②(Librorum appellatione continentur omnia volumina, sive in charta sive in membrana sint sive in quavis alia materia: sed et si in philyra aut in tilia [ut nonnulli conficiunt] aut in quo alio corio, idem erit dicendum. quod si in codicibus sint membraneis vel chartaceis vel etiam eboreis vel alterius materiae vel in ceratis codicillis, an debeantur, videamus. et Gaius Cassius scribit deberi et membranas libris legatis: consequenter igitur cetera quoque debebutur, si non adversetur voluntas testatoris.) 讨论了遗赠的"书" (libri)是否包括未经缮写的纸草卷子(chartae)和未写字的皮纸(membranae)之后,他又补充说:"因此不妨问一下,若有书作为遗赠,那么未加缮写的是否应包括在内。我以为不应包括,正如未织好的不当算作衣服。但若书已缮写完毕,但未经捶打或尚未装饰者,则应包括在内。同理,尚未上胶③或尚未修补者,④也应包括在内。即使是未缝在一起的皮纸,也应包括在内。"⑤(Unde non male quaeritur, si libri legati sint, an contineantur nondum perscripti. et non puto contineri, non magis quam vestis appellatione nondum detexta continetur. Sed perscripti libri nondum malleati vel ornati continebuntur: proinde et nondum conglutinati vel emendati continebuntur: sed et membranae nondum consutae continebuntur.)

---

② 《学说汇纂》卷32,第52章前言(Digest xxxii, 52 praef.)。

③ 这些术语的含义,见路易斯,《古代纸草》,第51—52、63、68—69等页,特别是第68页:"很清楚,上胶和捶打一般不认为是纸草叶片制造过程,而是对已经制成,甚至已经书写的卷子做最后的加工。"【译注】捶打指的是,将单叶纸草粘连成卷子时,需对两叶之间涂胶的接缝,用锤子捶打,以保证粘连牢固,而且接缝处尽可能平滑。

④ Emendati 一字可能指修补材料上小块的破损处,参路易斯前引书,第63—64页。

⑤ 《学说汇纂》卷32,第52章,第5节(Digest xxxii. 5)。【译注】原书此处标注有误,漏写表示章数的52,译文已改过。

这两段话，特别是第一段，以往的分析不够深入，值得更仔细研究。"若采用册子本的形式……"（*quod si in codicibus*）一句，通常会认为动词 *sint* 的主语是 *volumina*（卷子），其实不然。很明显，乌尔比安极力要区分 *volumina*（卷子）和 *codices*（册子本），但 *volumina in codicibus*（册子本形式的卷子）这样的表述自相矛盾。所以，更有可能的是，*sint* 的主语是 *libri*（书），虽未明说，但从本段开始的词语（*librorum appellatione*）可知。乌尔比安对"书籍"一词能包括哪些书写形式存有疑问，于是列出各式书写形式，主要是两类，第二类前面加 *vel etiam*（"甚至"）二字，表示比第一类有更多的怀疑。基于此，两类有争议的材料如下：

（1）
codices membranei（皮纸册子本）
codices chartacei（纸草册子本）

（2）
codices eborei（象牙册子本）
codices alterius materiae（其他材料的册子本）
cerati codicilli（蜡板）

问题在于，*codices membranei*（皮纸册子本）是否指或者包括我们已经探讨过的皮纸札记簿。皮纸札记簿起源于涂蜡的版牍，二者不断被联系在一起，让我们无可怀疑，乌尔比安本应将它放在第二组，很有可能包含在"其他质料"的名下。这样一来，第一组就指纸草和皮纸册子本，也就是现代意义上的册子本。

稍后会看到，为了确定两组中的材料是否都可以被当作"书"来接受，乌尔比安引述了1世纪法学家盖乌斯·卡西乌斯的说法，我们已在前面第22页讨论过了。有人提出反对意见,⑥认为卡西乌斯的话并没有回答乌尔比安提出的问题,但这是误解了乌尔比安的推理。的确,卡西乌斯具体提到的只是 membranae(皮纸)。考虑到卡西乌斯作书的年代,这个字必定指皮纸札记簿。乌尔比安本可以这样说明:因为卡西乌斯说"甚至皮纸"(et membranae),那么同样的说法也必然(consequenter)适用于第二组中所有可类比的形式(cetera),而且,也更加适用于第一组。

对乌尔比安来说,显然只有卷子才完完全全、无争议地可称为"书"。但同样明显,册子本已不再被拒之门外。保路斯是他的同代人,也是法律上的对手,在乌尔比安223年被谋杀后,便接替他担任禁军统领(Praetorian Prefect)一职。保路斯在这一问题上走得更远。在他给"书"下的定义里,册子本最终被予以承认,与卷子平起平坐。(但前提是,我们必须确定《案例》是他所写,或者这段话确实出自他笔下。)保路斯写道:"包括纸草卷子、或皮纸卷子、或椴树皮的卷子都可算作遗赠的书。皮纸册子本也算。我们认为,不单是纸草卷子可称为书,任何书写形式,只要有固定的边界将它围住,都可称为书。"(Libris legatis tam chartae volumina vel membranae et philyrae continentur: codices quoque debentur: librorum enim appellatione non volumina chartarum, sed scripturae modus qui certo fine concluditur aestimatur. iii. 6. 87)现在,书就被实实在在地定义为一个自足的单位(a self-contained unit),与材料和形制无必然关系。下了这样的判断,就等于宣布册子本已然诞生了,只是尚未流行开来。这也证实了上一章的结论:马提亚尔的尝试没有

---

⑥ 比如,维阿克前引书,第105—106页。阿奇(G. G. Archi)在 IVRA 1961年第12期,第453页提出,卡西乌斯的话也许因为在传抄中有文字脱漏,所以并不完整。但正如我们这里所指出的,这种假设没有必要。

成功，还要经过漫长的孕育阶段，册子本才为大家所接受。

乌尔比安和保路斯这几段话，维阿克做过详细讨论。⑦他主要的假说是：古典法学家的著作最初以卷子形式发表，在公元 300 年左右，被重新抄在册子本上。在重抄的过程中，出现对原作大面积的重编和改动。维阿克的观点受到强烈质疑，⑧但除了一点之外，与我们目前的讨论没有直接关系。与我们相关的是，他认为上文引用的乌尔比安和保路斯的话，并不见于最早的文本，而是被改动和重新编辑的结果。他质疑这些段落，动机究竟为何，我们不得其详。但他显然在意的是，只要有人认为册子本在这一时期有可能已然是抄写典籍的形式（literary form），⑨都会危及他自己的论点。因为他认为古典时期的法学家，他们的著作先以卷轴装推出，直到 300 年左右才被转抄在册子本上。

维阿克对乌尔比安这段话的怀疑，有两点：（1）有些表述，比如 in quavis alia materia（"还是任何其他材料"），ut nonnulli conficiunt（"如有些人所为"），aut in quo alio corio（"或用任何其他树皮"），vel alterius materiae（"或其他材料"），属于讲堂气息很重的发挥（Schulstubengeruch）；（2）前面已说过，卡西乌斯这一段并没有解答乌尔比安的问题，从中得到的结果（"其他类型也应算作书"，consequenter igitur cetera quoque debebuntur）就必须相应地予以摈弃（"大错特错"）。

---

⑦ 维阿克前引书，第 105—106 页。

⑧ 比如，舒恩鲍尔，*IVRA*，1961 年第 12 期，第 117—161 页；阿奇，*IVRA*，1961 年第 12 期，第 428—450 页。

⑨ 极有可能因为这个原因，维阿克才做了一个荒谬的推断。抄有德摩斯梯尼和欧里庇德斯的著名皮纸册子本残篇（本书第 71 页有讨论），年代一直被定为 2 世纪。维阿克说，这些残篇是否真的抄在册子本上，还是个疑问（"但不能证实它们是否已经是册子本"，见前引书，第 104 页，注释 73）。

当然,乌尔比安最后一句——"若不违背立约人之意愿"(*si non adversetur voluntas testatoris*)——毫无疑问是后来加上的,因为与乌尔比安自己推理的思路相悖。他对词语的解释,是不考虑立约人可能有的意愿。但除了这一句之外,维阿克的论证高度主观,而他所能得出的唯一结论就是:今天的版本也许曾遭改动("我们认为很可能文本有窜乱,估计发生在查士丁尼之前")。

至于保路斯的话,学界的共识是,《案例》现在的传世本是大约公元300年编辑的,但这并不意味着书中归于保路斯本人的各种意见就肯定是假的。维阿克此处唯一的辩难就是,接受册子本为"图书"(*libri*),这句话准确反映了大约公元300年的历史情况,因此这句话并不出自更早的保路斯。所以,维阿克似乎将整段都斥为伪作。

这种论证,当然显得有些想当然(*petitio principii*),因为维阿克必须要证明的,不仅仅是这段话与公元300年的历史情况相符,而且还要证明这段话**不**符合保路斯时代的历史情况。而后一点,他并没有做。

舒恩鲍尔⑩和阿奇⑪二人都对维阿克的著作有总体的批评。除此之外,他们还特别驳斥了他对乌尔比安和保路斯几段话真实性的怀疑。因此,我们完全可以继续用这几段话作为证据,证明在3世纪早期的罗马世界,册子本的地位日益突出。

在结束有关法学家的讨论之前,乌尔比安还有一段话需要捎带提一下。其文曰:"若有一百本书遗赠给某人,我们就必须给他一百张卷子,而不是巧妙地算出一百件物品,用来顶替一本书。比如,若有人应得到写在一张卷子上的荷马史诗全本,我们就不应当

---

⑩ *IVRA*,1961年第12期,第124页,第137—138页。
⑪ 同上,第434—435页。

把它算作48本书,而必须以一卷本的荷马全本为一部书。"(*Si cui centum libri sint legati*, *centum volumina ei dabimus*, *non centum*, *quae quis ingenio suo metitus est*, *qui ad libri scripturam sufficerent*: *ut puta cum haberet Homerum totum in uno volumine*, *non quadraginta octo libros computamus*, *sed unum Homeri vulumen pro libro accipiendum est.*)⑫这段话的意思再明白不过了,但引人注目、也让人困惑的是,乌尔比安用了一个实例,也就是一**卷**本的全部荷马史诗。既然乌尔比安清清楚楚地区分了卷子本(*volumen*)和册子本(*codex*),那么此处的 *volumen* 只可能表示(纸草)卷子。但是,将全部荷马史诗抄在一张卷子上,不用我们多说,这是根本不可能实施的。因为当时必定有成千上万部荷马的抄本存在,所以乌尔比安的读者想必会立刻认识到这完全不可能。因此,我们必须得出结论,这纯粹是一个假设的或想象出来的例子。

当然,对于现在的纸草学家而言,这个例子不能成立,也同样是一目了然。但如果我们没有埃及出土的荷马史诗残片,情况就大不一样了。无论如何,这段话至少可以告诉我们,有些材料若不加辨析,看上去很像真实的史料。所以我们必须小心翼翼。

---

⑫ 《学说汇纂》卷32,第52章,第1节(*Digest* xxxii 52 §1)。【译注】因《伊利亚特》和《奥德赛》两部史诗各自分成24卷,所以若按分卷计算的话,两诗加起来总共48卷。

第七章 卷子本与册子本:公元1—5世纪希腊典籍写本的证据

我们在上章讨论了册子本兴起的文献证据。现在我们来看此一时期保存至今的写本所提供的证据。但在讨论之前,必须先提醒几句。这些写本中绝大部分从埃及出土,正因为出土材料的偶然性,所以我们无法断定,这些写本是否能反映埃及地区的全貌。即使能代表埃及,我们也无法断定埃及的情况是否一定能代表整个希腊罗马世界。

前一个问题更容易回答。除了尼罗河三角洲和亚历山大城,埃及几乎所有地区都有出土发现。虽然亚历山大城没有出土文献,是一个重大的遗憾,但在奥克西林库斯发现许多写有典籍的纸草(literary papyri),由于亚历山大城的富人在当地拥有乡间别墅,所以这些写本或是在亚历山大城誊写的,或者虽在本地誊写,但很可能反映了当时省府的潮流。①

后一个问题就不太容易回答。但是,罗马世界的交通非常便捷,官员、商贾以及其他人员不断流动。特别是亚历山大城在书籍目录方面声誉卓著,无人与之争锋。所有这些因素都让人感觉,埃及和罗马帝国其他地区相比,在书籍制作方面,不太可能会有任何

---

① 我们究竟依赖何种标准,能立即断定或者最终能断定纸草是否出自亚历山大城,可参看特纳《希腊文纸草》,第92—95页。

显著的差别。

但评估埃及出土的证据,还有其他更深的顾虑,需要考虑。典籍纸草文献的断代,还远远称不上是一门精确的科学,对年代的估算有时会相差一个世纪或者更多。我们所希望的,就是在确定年代时虽不可避免会犯错,但这些错误能至少在一定程度上相互抵消。另一个困难就是时间的分布。典籍纸草出土的数量,相对而言,以前三世纪为多。公元 300 年之后,数量就急剧下降,这很有可能反映了希腊文化(Hellenism)的普遍衰落。②但是,我们目前有多少材料,就只能利用多少材料。

下列数字统计基于帕克所编目录的第二版(1965),并佐以(1)于贝尔(F. Uebel),《基督教之外的典籍文献》("Literarische Texte unter Ausschluss der Christlichen"),刊于《纸草研究档案》(*Archiv für Papyrusforschung*),1971 年第 21 期,第 170—182 页,可知 1970 年之前刊出的资料;(2)《新近刊出的证据:希腊文典籍》("Testi recentemente pubblicati: Testi letterari greci"),见《埃及》(*Aegyptus*)杂志,第 51 期,1971 年,第 227—230 页;第 52 期,1972 年,第 163—168 页;第 53 期,1973 年,第 160—164 页;第 54 期,1974 年,第 206—209 页;第 55 期,1975 年,第 275—279 页;第 57 期,1977 年,第 202—247 页;第 58 期,1978 年,第 225—287 页;以及第 60 期,1980 年,第 233—265 页。就纸草和皮纸册子本而言,我们大量参考了 E. G. 特纳的《早期册子本分类研究》。该书涵盖了截至 1973 年 11 月所刊出的材料(见该书第 xxii 页)。需要明确的是,除了个别例子,我们的数字统计都基于原编辑者所估算的年代。有些年代跨越了两个世纪,比如定在 2—3 世纪。这样做

---

② 或许有其他因素。比如,众所周知,定为公元 5 世纪的写本很稀少,但同一时期的传世文献也很缺乏,二者有平行关系。

第七章 卷子本与册子本:公元1—5世纪希腊典籍写本的证据

的不利之处,在于容易造成一种印象,好像这两个世纪本身的书写活动都有所减少。当然,情况不是这样,只是反映了编辑者本人的偏好,喜欢将一个文本归入某一世纪。实际上,有一种方法可以消除此种不利因素。威廉·威利斯(William H. Willis)在其《埃及出土的纸草典籍统计》("A Census of the Literary Papyri from Egypt")一文中(刊于《希腊、罗马和拜占庭研究》[Greek, Roman and Byzantine Studies],1968年第9期,第205—241页),将年代跨越两个世纪的文献平均分配至所涉及的每一个世纪。他大致的依据是:举例而言,所有被编辑者定为2—3世纪誊写的文本,根据统计学概率,实际上会有一半出自2世纪,而另一半则出自3世纪。本书并没有采纳这种权宜之计,因为这样一来,原编辑者所下的判断还需重新解释。不过不管采用何种步骤,幸好根据我们的统计所得出的主要结论大体一致。

下列数字涵盖了所有希腊文典籍和科学著作(不含拉丁文),基督教文献除外。这些数字不考虑习字帖、单张叶子、算术式,或者看上去像是上述内容的写本。简而言之,就是明显不能算作书籍的材料。基于同样的理由,像蜡板、木牍、陶片、勒刻于金石的铭文,也都排除在外。另外,因我们关心的是形制,就是说,一部写本是卷轴装还是册页装,所以文字是抄在纸草上、还是抄在皮纸上,就不做区分了。这些统计数字以书为单位,当一张卷子或一本册子包含两部或两部以上的著作时,这张卷子或这本册子也只当作一个单位来计算。但是,当一张卷子被再度使用、其背面抄写了另一部典籍时,则正面和背面的文字单独计算,各自成篇。因为使用背面抄写的抄工很可能喜欢卷轴装,仅仅出于经济的考虑,他不用新卷子,而使用被废弃的旧卷子。

世纪	卷子本	册子本	总数	卷子本所占百分比*	册子本所占百分比*
1	252	1	253	100%	0
1—2	203	4	207	98%	2%
2	857	14	871	98.5%	1.5%
2—3	349	17	366	95.5%	4.5%
3	406	93	499	81.5%	18.5%
3—4	54	50	104	52%	48%
4	36	99	135	26.5%	73.5%
4—5	7	68	75	9.5%	90.5%
5	11	88	99	11%	89%

* 只计算到 0.5%

从这些数字可见,在公元 200 年之前,在希腊文典籍方面,册子本的数量微乎其微。但是,有时人们认为册子本的比例可以完全忽略不计,其实不然。对于非基督教文献中册子本的起源和发展,这些 2 世纪的册子本仍有意义,此点可见本书第 12 章。就目前而言,只有在 3 世纪,册子本才占到书籍制作相当的比例,直到公元 300 年左右才与卷子本平起平坐,这是不争的事实。

第八章　早期基督教文献中的册子本

我们已经看到,在 2 世纪非基督教世界中,册子本几乎没有立足之地。而在同期的基督教世界里,册子本的地位却大不相同,我们要寻找现代书籍的起源,就必须考察基督教的情况。在基督教纸草文献领域,最近出版的两部著作极大减轻了数据的收集工作。一部是库尔特·阿兰德的《希腊文基督教纸草编目》第一部《圣经纸草写本》(*Repertorium der griechischen Christlichen Papyri*; I, *Biblische Papyri*, 1976);另一部是约瑟夫·范·海勒斯特的《犹太与基督教纸草典籍目录》(*Catalogue des papyrus littéraires juifs et chrétiens*, 1976)。后一部书对本书的研究有特殊的价值,因为它首次全面考察了所有基督教纸草文献,包括圣经写本和非圣经写本。科特·特罗伊(Kurt Treu)编辑的目录,《基督教纸草》之六、之七(*Christliche Papyri* VI and VII, 分别刊于《纸草研究档案》[*Archiv für Papyrusforschung*]1978 年第 26 期,第 149—159 页,以及 1980 年第 27 期,第 251—258 页),补充了前两部书的数据。需要注意的是,阿兰德的著作严格限于抄写在纸草上的文本,而范·海勒斯特和特罗伊的著作,虽然标题中写的是纸草,但也包括了写在所有其他书写材料上的文本。

按照上述著作所提供的信息来计算,可知在公元 400 年之前或者稍后不久(就是说,也包括年代定为 4—5 世纪的写本),有大约172件圣经写本或写本残片。托勒密时代的圣经纸草写本没有计算在内,因为肯定是出自犹太人之手。写在纸草和皮纸之外的书写材料上的写本,以及诸如护身符、习字帖、单张叶子等等,也就是所有不能明确算作书籍的写本,也不计算在内。这172件写本中,旧约占98件,新约占74件。就我们目前的判断而言(有些情况,出于种种原因,很难判断),有158件是册子本,只有14件是卷子本。若进一步考察,数字差距会更加悬殊。因此,我们最好将这14张卷子开列于下,并附上范·海勒斯特的目录编号:

1.《奥克西林库斯纸草》,第9辑,第1166号(P. Oxy. ix, 1166)。《创世记》。范·海勒斯特目录编号14。

2.《奥克西林库斯纸草》,第8辑,第1075号(P. Oxy. viii. 1075)。《出埃及记》(正面),《启示录》(背面)。范·海勒斯特目录编号44和559。

3.《奥克西林库斯纸草》,第10辑,第1225号(P. Oxy. x. 1225)。《利未记》。范·海勒斯特目录编号48。

4.《古文书学与纸草学研究》第15期,第234号(Stud. Pal. xv. 234)。《诗篇》。范·海勒斯特目录编号104。

5.《大英博物馆所藏纸草典籍编目》第207号(P. Lit. Lond. 207)。《诗篇》。范·海勒斯特目录编号109。

6.《莱比锡希腊文纸草编目》第39号(P. Lips. Inv. 39)。《诗篇》。范·海勒斯特目录编号133。

7.《伯明翰大学武德布鲁克学院所藏伦德尔·哈里斯纸草》,第31号(P. Harr. 31)。《诗篇》。范·海勒斯特目录编号148。

8.《古文书学与纸草学研究》,第11期,第114号(Stud. Pal. xi. 114)。《诗篇》。范·海勒斯特目录编号167。

9.《希腊文与拉丁文纸草》第 8 辑,第 921 号(P. S. I viii. 921)。《诗篇》。范·海勒斯特目录编号 174。

10.《大英博物馆所藏希腊文纸草》第 2584 号(P. Lond. Inv. 2584)。《何西阿书——阿摩司书》。范·海勒斯特目录编号 286。

11.《希腊罗马时代亚历山大城博物馆希腊文纸草》,第 203 号(P. Alex. Inv. 203)。《以赛亚书》。范·海勒斯特目录编号 300。

12.《大英博物馆所藏纸草典籍编目》,第 211 号(P. Lit. Lond. 211)。《但以理书》。范·海勒斯特目录编号 319。

13.《奥克西林库斯纸草》,第 10 辑,第 1228 号(P. Oxy. x. 1228)。《约翰福音》。范·海勒斯特目录编号 459。

14.《奥克西林库斯纸草》,第 4 辑,第 657 号 +《希腊文拉丁文纸草》第 12 辑,第 1292 号(P. Oxy. iv. 657 + P. S. I. xii. 1292)。《希伯来书》。范·海勒斯特目录编号 537。

上面 14 件写本中,其中 5 件(第 5、6、9、10、14 项)为"背面书写"(opisthograph),就是说,圣经文本抄在二次使用的卷子背面,因此只能是卷轴装。这样一来,"真正"的卷子,就减到 9 件。① 这 9 件之中,有 3 件(第 7、8、9 项)极有可能出自犹太人,②还有 2 件

---

① 【译注】以上 5 件写本,圣经文本写于卷子背面,这样就不能说明是抄经者主动选择了卷轴装。更有可能的是,因为找不到足够的新卷子而被迫循环使用正面已经书写的旧卷子。所以两位作者才不把这 5 件计入正常的卷子本中。

② 希腊文旧约的写本究竟出自基督徒还是犹太人,判断的标准见罗伯茨《早期基督教时代埃及的写本、社会和信仰》(Manuscripts, Society and Belief in Early Christian Egypt),第 74—78 页。这里提到的 3 件纸草写本,在该书第 77 页有讨论。

(第 1 和第 3 项)或许也出自犹太人。③这样就只剩下第 2、4、11 和 13 项需要讨论。第 13 项很有些古怪,文字抄在卷子的背面,而正面却是空白。对这一现象,学者提出了各种复杂的解释,④但对我们而言,完全有理由不加讨论。第 2 件是"背面书写",但两面都有圣经文本。正面的《出埃及记》有可能是基督徒所抄,因为 κύριος("主")一字是缩写(但表示"圣子"的 υἱός 和表示"以色列"的 Ἰσραήλ 却没有缩写)。但是,无论怎么看,这件写本都很奇特。这样,我们就只剩下 2 件出自基督教的正常的卷子,即第 4 和第 11 件。就第 4 件而言,《诗篇》用于各种各样的目的,比如祷告、宗教仪式、魔法等等。此处的例外并没有太多意义。⑤而《以赛亚书》的写本中,有对 κύριος 一字的圣名缩写(nomen sacrum),因此估计是出自基督教,是真正的特例。⑥需要加一句,就我们所知,新约任何一部分的文本都未发现写在卷子的正面。

如果我们从另外一个角度审视这 172 件圣经写本,会发现有 11 件在我们看来,年代可定在 2 世纪,因此可算现存最古的基督教写本。这 11 件均写在纸草上,而且是册页装。下面的列表⑦包

---

③ 罗伯茨,《早期基督教时代埃及的写本、社会和信仰》,第 74—78 页,书中说第 1 件"更有可能是基督教写本,而不是犹太写本",第 3 件则列入"存疑"。

④ 参看阿兰德,《新约传承及其文本研究》(Studien zur Überlieferung des Neuen Testaments und seines Textes),第 114 页。

⑤ 【译注】所谓"例外",指早期基督教写本大都为册页装,这里《诗篇》为卷轴装,因《诗篇》用途广泛,所以并不具有代表性。

⑥ 参罗伯茨前引书,第 31 页,注释 1:"实际上,κύριος 一字采用缩写,这是前三个世纪基督教写本的标志。"范·海勒斯特的结论——"很可能出自犹太人"——估计是基于这个写本是卷子本。

⑦ 下面的列表与罗伯茨前引书第 13—14 页相同。罗伯茨对其中一两件写本,给出了稍多一些的细节。

括了范·海勒斯特目录的编号。因为确定年代尤其重要,所以我们还附上 E. G. 特纳《早期册子本分类研究》⑧中对年代的鉴定。特纳将自己的意见和其他学者的意见都记录了下来。

1.《曼彻斯特大学约翰·莱兰茨图书馆所藏希腊文纸草目录》第 3 辑,457 号(P. Ryl. iii. 457)。《约翰福音》。范·海勒斯特目录编号 462。《分类研究》纸草写本 52 号。2 世纪。

2.《巴登纸草收藏选刊》,第四辑,56 号(P. Baden iv. 56)。《出埃及记》《申命记》。范·海勒斯特目录编号 33。《分类研究》旧约写本 24 号。(原编辑者定为 2 世纪;特纳定为 2 世纪晚期)。

3.《贝内克珍本和写本图书馆所藏耶鲁纸草》,第一卷 1 号(P. Yale i. 1)。《创世记》。范·海勒斯特目录编号 12。《分类研究》旧约写本第 7 号。特纳定为 2—3 世纪;原编辑者定为公元 90 年。

4.《切斯特·比提圣经纸草》第 6 册(P. Chester Beatty VI.)。《民数记》《申命记》。⑨范·海勒斯特目录编号 52。《分类研究》旧约写本第 36 号。特纳和亨特(A. S. Hunt)定为 2—3 世纪;凯尼恩和威尔肯(U. Wilcken)定为 2 世纪。

5.《安提努珀利斯纸草》卷一,第 7 号(P. Ant. i. 7)。

---

⑧ 我们引用的是该书最后"书中参考过的册子本统一列表"中的编号。

⑨ 这部写本的年代,在早期基督教文本中占据核心地位,见罗伯茨前引书,附录二,第 78—81 页。他的结论是(第 81 页):"就目前的证据而言,虽然有可能、或极有可能是 2 世纪的书,但也不必然如此。暂时可定在 2 世纪或 3 世纪。"

《诗篇》。范·海勒斯特目录编号 179。《分类研究》旧约写本 120 号。特纳定为 2 世纪或 3 世纪;贝尔(H. I. Bell)的辑本定为 2 世纪。

6.《莱比锡希腊文纸草编目》170 号(P. Lips. Inv. 170)。《诗篇》。范·海勒斯特目录编号 224。《分类研究》旧约写本 151 号。特纳定为 3 世纪(罗伯茨定为 2 世纪)。

7. 牛津大学饱蠹楼希腊写本目录编号 g. 5 (P)(Oxford, Bodleian MS. Gr. bibl. G. 5 [P])。《诗篇》。范·海勒斯特目录编号 151。《分类研究》旧约写本 97 A 号。特纳定为 2 世纪或 3 世纪,原编辑者定为 2 世纪。

8.《巴塞罗那纸草编目》1 号 + 牛津莫德林学院希腊写本 18 号 + 巴黎国家图书馆,希腊文写本补编第 1120 号(P. Barc. Inv. 1 + Magdalen College, Oxford, Gr. 18 + Paris, Bibliothèque nationale, Suppl. Gr. 1120)。《马太福音》《路加福音》。范·海勒斯特目录编号 336,403。《分类研究》纸草 4 号、64 号、67 号。特纳将第 4 号定为 3 世纪,或 3/4 世纪,64 和 67 号定为 2 世纪。

9.《曼彻斯特大学约翰·莱兰茨图书馆所藏希腊文纸草目录》卷一,第 5 号(P. Ryl. i. 5)。《提多书》。范·海勒斯特目录编号 534。《分类研究》纸草 32 号。特纳定为 3 世纪,贝尔和斯基特定为 2 世纪。

10.《奥克西林库斯纸草》第 34 辑,2683 号(P. Oxy. xxxiv. 2683)。《马太福音》。范·海勒斯特目录编号 372。《分类研究》纸草 77 号。2 世纪。

11.《奥克西林库斯纸草》第 50 辑,3523 号(P. Oxy. 50. 3523)。《约翰福音》。2 世纪。《分类研究》一书未列。

第八章　早期基督教文献中的册子本　61

有一部2世纪的《创世记》册子本,我们没有列入,⑩因为尽管是册页装,但我们认为出自犹太背景。上述11部毫无例外,都是基督教的写本。除此以外,还可以加上其他4部没有抄录圣经的基督教写本(Christian non-Biblical texts),我们认为都应当定在2世纪:

12.大英图书馆藏艾格顿纸草写本第2号(British Library Egerton Papyrus 2)。不为人知的一部福音书。范·海勒斯特目录编号586。《分类研究》新约经外书第7号。2世纪。

13.《密执安大学馆藏纸草》130号(P. Mich. 130)。黑马(Hermas)所著之《牧人书》。范·海勒斯特目录编号657。《分类研究》一书未列(抄在一张卷子的背面)。

14.《奥克西林库斯纸草》第1辑,1号(P. Oxy. i. 1)。《多马福音》。范·海勒斯特目录编号594。《分类研究》新约经外书,第1号。2世纪或3世纪。

15.《奥克西林库斯纸草》第3辑,405号(P. Oxy. iii. 405)。伊利奈乌,《破邪说》(Irenaeus, *Adversus Haereses*)。范·海勒斯特目录编号671。《分类研究》未列(卷子)。

需要强调,关于这14部写本的年代,学者的意见并不一致。读特纳《早期册子本分类研究》一书引述的意见,可知此点。有人

---

⑩　《奥克西林库斯纸草》第4辑,656号。范·海勒斯特目录编号13。《分类研究》旧约写本第9号。特纳定为2世纪或3世纪。原编辑者定为3世纪。贝尔和斯基特定为2世纪。

会觉得我们的单子收录的标准过宽,⑪有人会觉得过严。⑫但上面列出的有些写本(第1、2、8、10、12项),各家均无异议。⑬

前面已说过,上述所有圣经写本(1—11项),都是册子本,其余4部(12—15项)当中,唯一真正的例外是抄有伊利奈乌著作的卷子本(第15项),因为黑马(第13项)是写在一张卷子的背面,正面抄写的是一篇文书类文本(documentary text),所以抄写者无从选择书籍形式。圣经与非圣经文本之间的区别,我们现在觉得很明显,但对使用这些写本的古人来说却不然。在他们眼中,《艾格顿福音书》(Egerton Gospel)和黑马的《牧人书》很可能与新约正典中的著作没有分别。但即使把"圣经"(Biblical)一词所涵盖的范围扩大,我们仍能得出相同的结论:当基督教圣经在历史上首次出现时,构成圣经的各卷书总是写在纸草上,而且总是册页装。这与2世纪的非基督教书籍在形制上形成最强烈的对比。所有这些早期基督教写本都发现于埃及,而纸草卷子就肇始于埃及。在埃及,卷子本乃是抄写典籍时唯一被接受的书籍形式。特别是,亚历山大城在图书世界中独步天下,更是确保了卷子本的地位。如果我们把这些因素都考虑进去,那么基督教写本与非基督教写本在

---

⑪ 参看特纳《分类研究》第4页。特纳本人所定的2世纪基督教册子本的单子,见第90页,基督教纸草201—205号。

⑫ 有些学者定为2世纪的写本中,引人注目的写本有:博德莫纸草中的《约翰福音》(《博德莫纸草》第2辑[P. Podmer II];范·海勒斯特目录编号426;《分类研究》纸草66号;3世纪);《切斯特·比提圣经纸草》第9册,《以西结书》《但以理书》《以斯帖记》(范·海勒斯特目录编号315;《分类研究》旧约写本183号;特纳定为3世纪,威尔肯和加利亚诺定为2世纪);以及《切斯特·比提圣经纸草》第8册,《耶利米书》(范·海勒斯特目录编号304;《分类研究》旧约写本202号,特纳定为4世纪;凯尼恩定为2世纪,或者2—3世纪)。

⑬ 影响早期基督教纸草年代鉴定的因素,见罗伯茨前引书,第12页注释2。

形制上的差异就更加显著了。⑭

我们还可以提一个问题：基督教与非基督教书籍之间形成的对照，是否也同样显现在圣经之外的基督教典籍中（non-Biblical literature）。刚已看到，圣经文本与非圣经著作之间的区分，至少在2世纪尚未出现。但是，我们要考察的书籍中绝大部分，即使在圣经正典确立之前，它们也毫无疑问被赋予了正典地位，或享有权威。这些著作范围很广，在分析过程中，我们采用范·海勒斯特的目录中给出的分类法：经外书（Apocrypha）、教父著作（Patristica）、圣礼（Liturgica）、圣徒传（Hagiographica）以及杂著（Miscellaneous）。最后一项"杂著"包括作者不详的布道词、论书以及一部分性质不确定的著作。这里所涉及的历史阶段与刚刚讨论过的那些圣经文本的年代相同。我们所使用的资料也相同（见第38页），仍然只包括能被看作书籍或书籍残篇的写本。我们使用"基督教"一词，自有严格的限定：提到基督教的著作，比如《西比林神谕》(The Sibylline Oracles)、巫术魔法书以及犹太人的著作，都不包括在内。当然，有些情况下，很难确定某书到底是基督教著作还是犹太著作。我们分析的是著作的内容，而不是写本本身。因为我们的目标之一，是发现哪一类著述会选择卷轴装，哪一类会选择

---

⑭ 当然，早期基督教纸草所有已知的实物样本都出自埃及，这有偶然因素，不能证明册子本就起源于埃及。在幼发拉底河的杜拉（Dura）发现的塔提安（Tatian）的《福音书合璧》（Diatessaron）就是一张皮纸卷子的一部分。纸草册子是否起源于埃及，特纳这样写道（《分类研究》，第40页）："我们不能理所当然地认为纸草册子本局限于埃及。"如果能把纸草册子本的发明归功于基督徒，考虑到上述原因，埃及与其他地方相比（比如叙利亚），不太可能是发源地。但不论纸草册子本究竟发明于何地，我们仍必须解释：在卷子本独步天下的埃及，纸草册子本是如何立住脚跟的。特纳言道（同上）："纸草卷子本在埃及的制书技术中根深蒂固，一定出现过一个巨大的冲击，才能推动创新，导致卷子本最终为册子本所取代。"

册页装。如果一本册子本包含几篇不同的文本，则我们计算册子本的数量时，就按照多本来计算。

满足这些限制条件的共有 118 件写本，其中 14 件写于皮纸，104 件写于纸草。共有 83 件采用了册页装。其余 35 件是卷子本，有 3 件抄在卷子背面（opisthograph）。这些数字本身并不能说明太多问题。除了抄写的年代之外，我们还必须考虑著作的类别。既然四部正典福音书中，没有一部是写在卷子正面的（若抄于正面，则说明有意选取卷轴装），因此我们可以预期，任何与四福音书一样叙述耶稣生平、记录耶稣的训诫的其他福音书（比如《艾格顿福音书》），也都会以相同的书籍形式流传。⑮但这不一定适用于诸如灵知派福音书（Gnostic Gospels）一类的著作，因为这类书籍实际上是神学论著；也不适用于描写耶稣童年的福音书（Infancy Gospels）。如果基督教采用册子本，乃是源于记录口传法律的版牍（见下文第 59 页），那么这样的区分就更有可能了。同样，我们已看到，册页装与 2 世纪和 3 世纪基督教用于传教的关键书籍密切相关，如旧约各卷和被视为具有权威性的基督教著作，我们可以预期，册子本不会广泛用于基督教的所有著述。像前面提到的伊利奈乌的著作（第 41 页），本身是神学论著，就很有可能会采用学术著作常规的书籍形式。但是，实际情况并不像这样截然分明。

上述 118 件写本按照类别来划分，第一类是经外书。归入这一类的作品内容芜杂，其中可能有 10 件按照我们的定义，可算作

---

⑮ 【译注】此句意思不够清楚。作者之意是，四福音书不见有抄在卷子正面者，而有抄在卷子反面的写本，则显然是要废物利用，不代表誊抄者主动选用了卷轴装。既然四福音书没有以卷轴装流传者，那么其他与四福音书风格、内容相近的福音书，估计也不会采用卷轴装。但灵知派福音书除外，因较少叙事，侧重说理，所以有见抄于卷子上者。

福音书。两件 2 世纪的写本是册子本,前文已述(第 12 和第 14 项)。余下的 8 件,《多马福音》的 2 件写本都是卷子本。我们称为《法雍福音》(Fayum Gospel)的写本也是卷子本。还有一件奥克西林库斯的残篇,年代定为公元 200 年左右,现在很可能被归入当时遭禁绝的《彼得福音》(Gospel of Peter)名下,⑯也是卷子本。还有一件写本,是迄今唯一存留下来的希腊文《福音书合璧》,如果也能归入这一类的话,也是抄在卷子上。其余 3 件都是册子本。其他的经外书共 23 件,包括描写耶稣童年的福音书以及多名使徒的行传,一律都是册子本。

教父类著作(Patristic section)共 39 件,其中包括《巴那巴书》(Epistle of Barnabas)和黑马的《牧人书》多件写本。这两部书都曾享有正典经书的地位。抄有《巴那巴书》的有 2 部册子本,《牧人书》有 2 部卷子本(其中一部写在卷子背面)和 9 部册子本。⑰其余 26 件当中,6 件是卷子本(包括伊利奈乌著作的 3 件写本),20 件是册子本。

东方教会在礼拜仪式中坚持使用卷子(见下文第 51 页注释 20),所以在圣礼类(Liturgical section)的 11 件写本中,有 6 件写在卷子上,就一点也不为怪了。

我们所考察的阶段中,唯一一篇圣徒传作品,乃是一部册子本。杂著类共计 16 部卷子本和 21 部册子本。抄在卷子上的(我们忽略其中两部,因为内容不明)都是论著或者布道词(只有一张是写在卷子背面)。卷子本在这一类中占了相当的比例,证明典

---

⑯ 见吕尔曼(D. Lührmann),《新约研究期刊》(ZNTW)1981 年第 72 期,第 216—226 页。

⑰ 这部书还有另外两个纸草写本,都是 3 世纪,而且都是册子本,将会在《奥克西林库斯纸草》第 50 辑上刊登。

籍传承仍在维系。

总而言之，虽然基督教圣经之外的文本大多数是册子本，少数是卷子本，但卷子本的数量还是比较可观的。这些占少数的卷子本在我们所预料的著作类别中，占一定的比例。同时，与世俗典籍所形成的对照，虽不如在圣经类文本中那样触目惊心，也仍然非常显著。

早期基督徒为何明显偏爱册子本形式，这是我们现在必须要考察的问题。我们试图提出一些假说，希望也能同时解释为何人们对于圣经文本和非圣经的文本，会区别对待。

第九章　基督徒为何采用册子本？
　　　　实用的考虑不充分

　　马提亚尔偏爱皮纸册子本的理由，①即使塞孔都斯的尝试没有完全失败，也不足以解释这个现象：基督教群体对册子本不仅仅是偏爱，而是情有独钟；不仅对新约如此，对旧约也是一样，而且从有证据的最早时段就可以看到。基督教在2世纪普遍使用册子本，所以册子本的出现势必远早于公元100年。另外，基督教的书籍制作方法在这么早的阶段就与犹太人一刀两断，这对早期教会的历史来说很有意义。基督徒将《七十子圣经》(Septuagint)各卷转抄在册子本上，显示出与犹太方法的断绝非常彻底。
　　人们普遍以为，册子本相较于卷子本，在实用方面必定拥有一些明显的优势。人们曾提出各种各样的解释，现在正好可以仔细讨论一番。但讨论之前，需明确一事：我们处理的是两个独立的问题。首先，为何基督徒从最开始就选择册子本作为自己的书籍形式；其次，为何册子本在非基督教典籍中，也最终代替了卷子本(只用了若干世纪的时间)。我们这里将考察的实用性原因，对这两个进程不一定起到同样的作用，这一点我们一定不能忘记。

---

　　①　见本书第五章。

1. 节省费用（economy）。这是人们经常提出的理由，也是最显而易见、看上去颇有道理的一个理由。因为册子本使用书写材料的正反两面，而不是仅仅一面，所以制作一部写本的费用就会降低。当然，写满卷子正面之后，没有理由不能在背面继续抄写，但这样的卷子本数量很少（《启示录》5:1中提到的书卷，"里外都有字"，可能是最好的例子），说明人们对背面书写这种办法并不满意。但是，采用册子本，到底能节省多少钱？费用减半是不大可能的，因为不管是正面写，还是正反面都写，只要写本由专业人员来誊抄，抄写的费用是一样的。2世纪的基督教写本，虽然书法未达高标准，但大都字迹工整，字体被称为"改进的文书体"（reformed documentary），②很可能出自经验丰富的抄工之手。这些抄工可能是基督徒，也可能不是。当然，相较于私家抄本，比如著名的亚里士多德《雅典政制》抄本，③是不能相提并论的。因此，我们有理由推断，誊抄基督教文本的抄工是拿报酬的。古代图书价格的大致情况，我们一无所知，但根据非常粗略的计算，采用册页装的形式抄写一部书，所需费用可能会降低大约四分之一。④举一个具体例子，切斯特·比提纸草（Chester Beatty）中的保罗书信是3世纪初期抄写的，若抄在卷子上，可能会花费28德拉克马；若抄在册子本上，则需20.5德拉克马，节省了7.5德拉克马。比提册子本中的

---

② 罗伯茨前引书，第14—15页。

③ 《巴登纸草收藏选刊》，第四辑，56号（P. Baden 4. 56）可能是一个例外，阿兰德说："这很有可能是一部私人抄本。"

④ 斯基特，《标准纸草卷子的长度与册子本的价格优势》（"The Length of the Standard Papyrus Roll and the Cost-advantage the Codex"），《纸草学与铭文学期刊》（*Zeitschrift für Papyrologie und Epigraphik*），1982年第45期，第169—175。【译注】见《斯基特圣经学论文集》，第65—70页。

保罗书信,大约两倍于福音书的平均篇幅,那么抄写福音书就比抄写保罗书信又能节省一半的费用。

但费用降低,实不足以充分解释从卷子本到册子本这样根本的改变。事实上,如果经济因素如此至关重要,那么我们一定能发现其他迹象,说明人们确曾对书写材料想尽办法,尽可能精打细算。但这样的迹象根本就没发现。写本上的字体是正规大小,并没有压缩或明显缩小。如果基督教抄工真打算缩小字体,那么完全可以使用柏拉图《理想国》在2世纪的一部册子本所用的小号字体(《奥克西林库斯纸草》第44辑,3157号),我们稍后还会讨论。也没有见到有人故意缩小页边的留白。相反,切斯特·比提纸草中的《民数记》和《申命记》可能是最早的2世纪基督教册子本,每页的天头和地脚所留出的空白都大得异乎寻常。天头的空白最初大约2.5英寸(=6.35厘米),而地脚留出3英寸(=7.62厘米)。最后,我们虽知道有些基督教图书抄写在重新使用的卷子背面,但这些图书的年代都偏晚(上文第39页列表中第9项的《诗篇》残篇是一个例外)。将最初写在纸草上的文字冲刷掉,然后再重新使用的"重写本"(palimpsest),根本就没有见到。一言以蔽之,从节省费用方面着眼的讨论可以忽略不计。

2. 压缩空间(compactness)。这个观点严肃、合理,因马提亚尔认为这是册子本的一个优势,特别适合旅途中阅读。册子本比卷子本节省空间,这是不争的事实,因为所用纸草的总量几乎缩减了一半。册子本的堆放和上架,也更容易、更省钱,只不过这一点对拥有大量藏书者更有吸引力,对早期基督教团体并不适用。一部册子本明显要比一批卷子本更节省空间、更加方便,但当基督徒可能开始采用册子本时(时间应不会晚于公元100年),几部福音书当时很可能还是单独流通的。这样一来,压缩空间这一优势就不会展现得那么明显。实际上,18 厘米高、6 米长的卷子卷好之后,可以放进直径 3 厘米或 4 厘米的圆筒中,而这样的圆筒用拇指和食指就可以轻而易举地握住。一张卷子,如果以 P^4(第 40 页列表中第 8 项)那样的方式书写,⑤完全可以容纳任何一部正典福音书或者《使徒行传》。而同样容量的册子本,若不计装订的话,尺寸大约会是 18×14 厘米,约 1 厘米厚。但是,《七十子圣经》的抄本也肯定会有需求,这时册子本的优越之处就更容易显现出来。如果以切斯特·比提收藏中的《民数记》和《申命记》册子本为例(列表中第 4 项),通过计算可以发现,若以同样方式抄在卷子上,就需要约 28 米长的纸草。⑥这样的卷子体积太大,完全无法方便地使用。而像《民数记》和《申命记》写本同样大小的册子本,可以容纳全部《诗篇》。这是一个明显的优势,因早期基督徒所利用的旧约段落,主要出自摩西五经和《诗篇》。这样的册子本也可以容纳马西昂(Marcion)的"新约",其中包括被"清理"过的《路加福音》和 10 篇保罗书信。

但是,需要经过若干世纪,册子本的潜力才能被充分认识。截止到 3 世纪,现存的册子本长度没有超过 150 叶(leaves)= 300 页(pages),⑦很多书要更小。但从此之后,它们的篇幅增长很快。以科普特文写成的一部摩尼教册子本(圣咏,4—5 世纪),至少有

---

⑤ 【译注】P^4 是新约版本校勘学中对早期新约写本的约定俗成的编号,指新约纸草写本第 4 号。后面第十一章中,两位作者又用到这个编号,如 P 45、P 75,但没有将阿拉伯数字缩小、放到上标的位置。

⑥ 计算方法如下:比提册子本本来有 216 页,每页 2 栏,共 432 栏,每栏平均宽 5 厘米。栏间距大约 1.5 厘米宽,然后 432×6.5 厘米 = 2808 厘米 = 28 米。

⑦ 迄今为止,最长的是奥克西林库斯出土的斐罗(Philo)册子本,至少有 289 页,参看特纳,《分类研究》,第 82 页。

638页;⑧而抄有全本圣经的皮纸册子本,如4世纪著名的《梵蒂冈抄本》(Codex Vaticanus)和《西奈抄本》,各自至少有1600页和1460页。而5世纪的《亚历山大城抄本》(Codex Alexandrinus),至少有1640页。这时,册子本的优势已有目共睹,而且基督教外的典籍也受影响。乌尔比安的《谕令诠释》(Ad Edictum)前35张卷子,被重新抄在3部册子本上,而这3部册子本分别包含14张、11张和7张卷子上的文字。⑨大格利高里(Gregory the Great)曾说,他的一部著作从前要抄满35张卷子,如今他将其压缩进6部册子本。⑩

总之,压缩空间(compactness)对于早期基督徒选用册子本,是重要的考虑因素。唯一要怀疑的是,在最初决定使用册子本时,人们是否已经充分了解了这一因素。

3. 包罗广阔(comprehensiveness)。这与上面讨论过的问题其实是一体两面。此处所谓"包罗广阔"指的是:从前单独流通的多篇文本,如今可以集中于一册。一部大容量的册子本可以只包含单独的一部著作,但过去需要用多张卷子来抄写;或者也可以是某位作者的"合集"(collected edition)或代表作选本,或者是集中于一个主题的文选;也可以是不同作品的杂钞。上述所有用途,都有实物为证。此种包罗广阔的册子本,最早、也是最显著的例子便是希腊文圣经写本,从切斯特·比提册子本中的福音书、《使徒行传》和保罗书信开始,一直到上面提到的4世纪和5世纪的全本圣经。还有一种包罗广泛的册子本,是将许多较小的册子本装订在

---

⑧ 特纳,《分类研究》,第82页。
⑨ 维阿克,《古典法学家之文本分层研究》,第127—128页。
⑩ 《书信集》第5封,53a。

一起，这在中世纪很常见。特纳在《早期册子本分类研究》第79—80页，研究了博德莫（Bodmer）图书馆纸草中的"复合"册子本（"composite" codex）。抄书的字迹不同，页码不连续，一叠纸（quires）的大小有差异，都足以说明这部书是由多部册子本装订而成的。或者，同一位抄工可以誊抄五花八门、性质迥异的文本，特纳在书中第81—82页列出了这方面的例子。

包容性是否影响了早期基督徒选择册子本，对这一问题的回答和压缩空间问题肯定是一样的。就是说，这一因素在公元100年这样早的年代，是否非常重要，此点尚存疑。

4. 使用方便（convenience of use）。曾有人提出，册子本使用起来，比卷子本更为方便。因为手持卷子时，需双手齐上，一只手将卷子展开至合适的长度，以便阅读，而另一只手需将已读过的部分再收起。此言不差，但册子本也同样需要双手，一手持书，一手翻页，除非把书放在几案之上。还有人以为，边阅读边展开卷子，必定非常麻烦费事，但很有可能习惯成自然，最后展卷变成和翻页一样的无意识行为。

卷子读到卷尾之后，必须倒卷回去，这样才能保证下一位读者能从头读起。有人认为这是另外一个理由，可以解释册子本的优势。这当然有一定道理。但是，实际操作和实验证明，[11]大家总说这项工作费时、费力，其实这完全是夸大其辞，而且这对早期基督徒可能没有什么影响，正如对当时或后来的犹太人使用卷

---

[11] 参看斯基特，《纸草札记两则：1. 把纸草卷子卷回去真的是又烦人、又耗时吗?》（"Two Notes on Papyrus：1. Was Re-rolling a Papyrus Roll an Irksome and Time-consuming Task?"），载《纪念奥索丽娜·蒙特维奇文集》（*Scritti in onore di Orsolina Montevecchi*），1981年，第373—376页。【译注】此文收入《斯基特圣经学论文集》，第60—63页。

子本也没有影响一样。当然,找不到任何一位古代作家曾提及这一问题。这个问题本身只不过是将现代读者的反应投射到了过去。

5. 易于寻检(ease of reference)。曾有人提出,若要查找一段经文,用册子本的圣经比用抄在卷子上的圣经要容易很多,而这对于激烈的神学争论应当是决定性的优势。因为读册子本时,可以翻开某页找到某段,远比展开卷子、找到相同段落要快得多。这似乎是一有力的论证,我们想起奥古斯丁著名的"拿起,读"(Tolle, lege)一段故事。⑫他用手指在保罗书信的册子本中,标记出他所找到的让他顿悟的一段文字。但我们必须记住,准确的引证,也就是给出某段精确的位置,这在古代是没有的。唯一能做到的办法就是"标准行计算法"(stichometry)。实际上希腊文和拉丁文献中都有不少例子,⑬可以把一段话的位置用下列两种方式来表示:或者说明距离文本开篇有多少"标准行"(stichoi),或者是更少见的情况,说明距离文本结尾有多少"标准行"。当然,这只能让人大致了解在何处能找到某段,除非读者真准备以"标准行"为单位来自己数一数。要想更迅速、准确地找到出处,就一定要在文本的页边注明标准行数,例如每100标准行就在页边作标记,但这种做法极不常见。当然,如果写本上有这种标记,那么卷子本也罢,册子

---

⑫ 【译注】这件事见于奥古斯丁《忏悔录》第8卷。他叙述在米兰花园中顿悟的经过。奥古斯丁自称听到邻家孩童在大声唱:"拿起,读!拿起,读!"(Tolle lege, tolle lege)。他认为这是上帝的昭示,于是拿起手边的保罗书信,随手翻开一页,最先读到的是《罗马书》13:13—14。这两句经文破除了他最后的疑惑,促成他归宗基督教。奥古斯丁读的保罗书信,《忏悔录》原文是 codex(VIII. 12. 29),是一部册子本。

⑬ 欧利,《标准行计算法研究》,第109—118页。

74 册子本起源考

本也罢,就没有多大关系了,反正总能找到那一段。⑭ 但古代极少使用"标准行计算法"作为引证的手段。在诗歌或戏剧的写本中,本可以轻而易举地标注行数,但这看上去理所当然的做法,却从未被采用过。⑮

还有人以为,标注页码(page-numeration)的发明,是为了方便翻检。很多早期基督教册子本都有页码,⑯最古的可能是切斯特·比提册子本中的《民数记》和《申命记》以及《艾格顿福音书》。但在所有古代文献中,都找不到一处引用页码的例子,个中原因不难理解:因为没有两部一模一样的写本,所以每个写本的页码都会不同。⑰而且,若真有这样的意愿,页码会从最开始就插入,而事实上,页码经常为后人另加。无论如何,页码不可能一成不变。它的作用,更有可能是用来保证书页在装订过程中,其前后顺序能保持正确。更重要的是,保证不会缺页。所有这些已为后来的事实所证明:在后面几个世纪,⑱页码已为一叠纸的计数(quire

---

⑭ 实际上,伊布谢尔在《装帧艺术年鉴》1937年第4期,第4页,已经说过,若为了查找的话,卷子本和册子本其实一样方便("用作参考书的话,写卷和册子本一样适合")。

⑮ 虽然有些诗歌和戏剧文本每100行就有标准行的标记,但显然对于引证没有什么帮助。若真有实用的考虑,则需要在更短的间隔作更多的标注,比如像现代校勘本那样每隔5行就标注行数。缺少这样系统的标注,证明刚刚提到的标准行记号并不能提供、也无意提供一种引证的手段。

⑯ 早期册子本的页码,见特纳《分类研究》,第75—77页。

⑰ 中世纪图书馆书目的编辑者利用这一点,经常记录一部抄本第二叶的第一个词,也称 secundo folio。这个词自然是因书而异,这就为包含相同文本的书(比如圣经和祈祷书)提供了方便的查找办法。

⑱ 参看桑提法勒(Santifaller),《中世纪书写材料历史的研究,侧重教廷书吏》(*Beiträge zur Geschichte der Beschreibstoffe im Mittelalter, mit besonderer Berücksichtigung der päpstlichen Kanzlei*),1953年,第164—165页。标注页数直到12世纪后半叶才重新出现。

numeration)所取代,而后者完成的是相同的任务。

6. 中世纪情况(medieval experience)。所有从实用方面偏袒册子本的讨论,都无法解释为什么卷子本在整个中世纪、甚至远至中世纪之后,还一直被大批量使用。[19]虽然对所有的典籍来说,册子本一统天下,但是行政公文档案中,卷子仍长期占据主导地位。[20]在英格兰尤其如此,很多重要的国家文书档案系列,都写在卷子上,已超过6个世纪。有些记录,如《专利登记簿》(Patent Rolls),一直到今日还是如此。[21] 中世纪的做法与本研究之所以相关,在于它强烈质疑了许多从实用角度支持册子本的论证。比如,虽然有些中世纪卷子是双面抄写,但更多卷子却不然,这说明人们并没有特别强烈的愿望,想通过使用卷子背面或者采用册

---

[19] 参看瓦滕巴赫(W. Wattenbach),《中世纪书写》(*Das schriftwesen im Mittelalter*),第三版,1896年,第150—174页。

[20] 一般原则可大致归纳为:任何旨在持续、重复阅读或查找的文本,毫无例外都是册子本。这包括所有类型的文学和科学著作、修院的财产登记簿、法令汇编、法律书籍等等。另一方面,有某些特殊类型的卷子,比如《兵器图卷》(Rolls of Arms)或《亡魂录》(Mortuary Rolls),虽然完全可以写在册子本上,但都毫无例外写在卷子本上。除了由中央政府所制作的系列卷轴之外,在英格兰,制作卷轴最多的要算《法庭卷宗》(Court Rolls),是封建领主的法庭记录。这样的记录保存下来,数量巨大,而且一直到17世纪中期,还不断被抄在卷子上。根据桑提法勒的研究(前引书,第183页),教廷记录在公元3世纪依然写在卷子上,但很可能在4世纪被转抄在册子本上。

[21] 卷子在很大程度上也保存于东正教的圣礼中,礼文通常写在皮纸卷子上。参看阿特萨罗斯(B. Atsalos),《拜占庭时代书籍—抄本的术语》(*La Terminoligie du livre-manuscrit à l'époque byzantine*),第一部,1971年,第148—176页。这些卷子以及其他卷子,是否直接源自古代世界的卷轴,参看卡瓦罗(G. Cavallo),《西方与东方根据历史—文献现象考察以贝尼文托字体抄写的圣礼卷轴的起源》("La genesi dei rotoli liturgici Beneventani alla luce del fenomeno storico-librario in occidente ed oriente"),《纪念肯切蒂论文集》(*Miscellanea in memoria di G. Cencetti*, 1973),第213—229页。另见特纳,《分类研究》,第50—51页,以及这两页提到的文献。

子本,来最大限度地利用书写材料。同样,对于大家反复强调的一些实际困难,比如找到某段的出处、阅读之后将卷子倒卷回去等等,中世纪的书吏似乎应对非常自如。另外,至少对于中世纪读者来说,卷子更有可能提供一些确定的优势。优势之一便是灵活,因为若想将卷子加长,只需将额外的皮纸缝上去,非常方便。其次,卷子不需装订,而且很多世纪以来,没有装订也照样存在。而册子本则必须有某种形式的装订,哪怕仅仅将几叠纸固定。装订很可能是一件专业的技术工作,不仅要花钱,而且在官方文书档案中,进行装订总会拖延时间。

7. 墨守成规(the effect of conservatism)。在衡量支持册子本的论点所产生的影响时,必须要考虑的一个因素,就是职业抄工(professional scribes)的保守倾向。抄写一部册子本,牵扯诸多问题,比如提前计算页面空间、将书叶进行编排、不打乱顺序,而对于抄写卷子的抄工来说,这些问题则根本不存在。㉒ 而且除了抄工之外,所有其他参与书籍制作的人,都愿意因循旧例。缮写坊(scriptoria)和官吏总愿意照章办事。罗马帝国中,即使册子本在典籍文本中已取代了卷子本,纸草卷子在很多世纪当中,仍然是政府行政文书和账簿的标准书写形式,这一点颇能说明问题。㉓

8. 结论。现在我们要考虑上述观点在多大程度上可能影响了早期基督教选择册子本。在世俗文学中,册子本取代卷子本的进程非常缓慢,是逐步完成的。但与此截然相反,基督徒似乎立即

㉒ 有关这些问题,见特纳,《分类研究》,第73—74页。
㉓ 这里可以举一个墨守成规的现代例子。在英国上议院,要求新的终身贵族在一张皮纸卷子上签字,这张卷子叫做 the Test Roll。这张卷子始于1675年,目前已加到30张皮纸,总长36.5米,要查阅起来非常麻烦。1981年5月5日,有人提议用书本形式的名录代替这张卷子,但此提议没有进入投票程序就被否决。

而且普遍采用了册子本。此点之所以让人更觉惊诧,是因为我们原本认为:最早的基督徒,不管是犹太人还是外邦人,因为他们的成长、教育和环境,都应强烈偏向于卷子本。因此,他们之所以采用册子本,必有异常强大、不可阻挡的动因。而上述理由之中,无一能产生如此强烈的影响。所以我们必须寻找其他的解释。我们要讨论两个假说,但任何一个假说都仅仅是尝试而已。

第十章　基督徒采用册子本：两种假说

如果纸草册子本是从皮纸札记簿演变而来（当然这还不是定论），我们就必须先考察皮纸札记簿从何而来。我们已然看到，有很强的理由认为它起源于罗马。不仅如此，现存最早的皮纸册子本样本，也就是马提亚尔提到的、我们前面讨论过的册子本，也是出自罗马，而且 codex（册子本）一字是拉丁文，希腊文中无对应词。① 相反，在埃及这个我们唯一掌握充分材料的东方国家，则没

---

① 希腊文中从未造出一个专有名词来指称册子本，这很不同寻常。拉丁文的 codex 一字的确会被转写成希腊文的 κῶδιξ，但这个字总带有官方、政府或法律的意味（对比阿特萨罗斯前引书，第143—144页）：比如，查尔西顿会议（公元451年）公报上，ἀπὸ κώδικος ἀνέγνω 在拉丁文翻译中就是 ex codice recitavit（"他从册子本上宣读"），指的是宣读一组皇帝信件。到这时，βιβλίον（书）一字已经暗含册子本之义，在会议纪要的拉丁文本中也是这样翻译的，参看桑提法勒前引书，第172页："在拉丁译文中，固定用 codex 一字来翻译 βιβλίον"。希腊文中，与 codex 一字最为接近的是 σωμάτιον，可对比圣巴希尔（St. Basil），《书信》第395封，这个字用来指一本皮纸册子本，与 ἐν χάρτῃ（在纸草上），也就是（纸草）卷子本相对。另外，第231封信，巴希尔写的是 ἐν χάρτῃ（在纸草上），而与他通信的安菲罗奇乌斯（Amphilochius）更爱用 ἐν σωματίῳ。应当注意，σωμάτιον 一字本身即可表示皮纸册子本，也可表示纸草册子本。这从君士坦丁大帝命令尤西比乌制作50部圣经可知，他用 σωμάτια，明确这批圣经应当 ἐν διφθέραις（"写在皮子上"）。用到这个字，但不提材料，可对比波菲利（Porphyry）《普罗提诺传》（Vit. Plot.）第25章。这个字的基本意思与拉丁文的 corpus 相似，表示这种形制的整体特性或综合特性，因此显示出为何它被采用。

有任何证据显示皮纸札记簿是用来抄写典籍的。这一切都说明，讨论纸草册子本的最初起源以及基督徒采用册子本，我们应当去罗马寻找答案。这是如何发生的？如果我们接受通行的假说，认为《马可福音》是最先书于竹帛的，那么马上就会碰到一种解释。根据早期载籍的记载，马可将自己的回忆或者是彼得的回忆，在彼得生前、或(根据有些权威)在彼得死后不久、②形诸文字，为的是满足那些听过彼得讲道者的需要。彼得的听众，不管是犹太人还是外邦人，都习惯使用蜡板或者皮纸札记簿，用于记账或处理诉讼和公务，也可能用于通信。因此，马可自然而然地使用皮纸札记簿，因为他的作品原本就是要让数目有限的特定读者群以同样的形制来抄写，而不是为了"流通"(如古代世界所理解的意思)。《马可福音》最初的稿本(original manuscript)乃是册子本，此点可由福音书本身单独证实。如果今本福音书不完整(古代就这样认为)，那么结尾的佚失就更容易理解。原因是：若稿本是册子本，那么最外面的书叶也就最容易受损。这与卷子上最后一栏文字截然不同。当卷子倒卷回去时，最后一栏恰好是被裹在稿本最里面的部分，能得到最好的保护。③

---

② 对相关证据最新的讨论，见罗宾逊(J. A. T. Robinson)，《新约成书年代再探》(*Redating the New Testament*)，1976年，第107页以下。

③ 《马可福音》的结尾(也许还有开篇？)是否已经佚失，见穆尔(C. F. D. Moule)，《新约的诞生》(*The Birth of the New Testament*)，第三版，1981年，第131页注释1以及列出的研究文献。最新增加的一个证据，证明福音书是在第16章第8节突然中断，是巴塞罗那纸草中的《马可福音》册子本(沙希地语，5世纪)，省掉了最后12节经文。还有人建议，所谓"长省略"("Great Omission")，指路加在利用马可的材料时，从《马可福音》6:44跳到8:26，有可能是因为路加所使用的抄本已经佚失了一叶或两叶。参看麦考恩(C. C. McCown)，《哈佛神学评论》(*Harvard Theological Review*)，1941年，第34期，第240—241页。

尤西比乌和哲罗姆的书中保存了后来的一个说法,④将马可与亚历山大城教会的建立联系起来。当亚历山大城教会登上历史舞台时,它是和欧洲西方、而不是和东方有关联的。⑤ 若《马可福音》如上所述,先写在皮纸札记簿上,当它传到埃及时,则很有可能被抄在纸草上,因纸草随处可得,远比皮纸普及。纸草册子本有可能就这样诞生了。

上面这一假说是在本书的前身、罗伯茨那篇长文中提出的。⑥但必须承认,反对意见不容小觑。首先,很难理解为何札记簿的形式竟会与纸草这样的书写材料一道被保留,特别是札记簿当时通常不作这种用途。我们必须做这样的推断:马可原始的稿本,或者同样以札记簿形式抄写的副本,当首次传到埃及时,已然享有一定程度的权威性。因此,册子本本身就获得一种象征意义,部分因为它与犹太的律法书卷轴以及教外图书形成鲜明对比。由于这些原因,当《马可福音》开始被抄在纸草上时(当然是在埃及),册子本也随之保留。

第二种反对意见认为,亚历山大教会在早期教会史上声名不显,很难相信它竟会将此种新奇的书籍形式强加于其他教会。⑦罗马或者安提阿教会倒是更可能具有这么大的影响力。另外,因偶然发现而出土的早期基督教册子本都出自埃及,几乎没有其他地

---

④ 参看麦茨格(B. M. Metzger),《新约早期译本》(The Early Versions of the New Testament),第一部分第二章第一节《基督教传入埃及以及新约的翻译》。在第99页注释2,作者指出尤西比乌自己说,这一说法根据的仅仅是传闻。

⑤ 对比罗宾逊前引书,第59页。书中说罗马教会和亚历山大城教会在2世纪晚期曾有通信,讨论复活节的日期,这一说法不正确。在3世纪之前,此事于史无证。

⑥ 见第187—189页。

⑦ 关于早期亚历山大教会少为人知以及可能的原因,见罗伯茨前引书,第49—51、71页。

方,但这并不能证实纸草册子本就一定起源于埃及。再有,认为《马可福音》为册子本提供了灵感,这一点也难以接受。古代载记中,有关《马可福音》成书年代和背景的记述,要比其他任何一部福音书都多(只是在早期传统中没有提及亚历山大城),但是这部书恰恰被称为"早期教会中阅读最少、最不被看重"的福音书。⑧不仅仅在早期教会中普遍如此,就是在埃及,尽管马可与亚历山大城教区之间据说存在关联,但迄今为止从未发现早于4世纪的《马可福音》写本。唯一的例外就是切斯特·比提纸草中的四福音书和《使徒行传》。而已发现的公元1世纪到3世纪的《约翰福音》有11部、《马太福音》9部、《路加福音》4部,都与《马可福音》的情况形成鲜明对比。⑨而科普特语的史料证明,《马可福音》出土写本稀少,不能被解释为史料保存之偶然性:4世纪的科普特文写本,共引用《马太福音》60处,《路加福音》15处,《约翰福音》15处,而《马可福音》一处也没有。⑩一部被完全忽视的福音书,而且其最初的稿本也极有可能被忽略,以至于遗失了最后一叶,这样的福音书不太可能为基督教图书奠定标准。

我们稍后再来讨论基督徒为何使用册子本的另一假说。我们先来关注基督教写本制作的另一项创举,因为这个创举的起源或许会阐明册子本这另一创举的起源。我们要探讨的是所谓"圣名缩写"(nomina sacra)的使用,就是将某些神圣的名字和词语加以

---

⑧ 罗宾逊前引书,第107页。另可对比冯·坎朋豪森前引书,第171页注释112。【译注】指坎朋豪森的《基督教圣经之形成》,见下一章。这里实际上是全书首次引用该书。

⑨ 罗伯茨前引书,第59页注释6和第60页。

⑩ 这些数字来自勒福特(Th. Lefort),《缪斯宫》(*Muséon*),1953年第66期,第16页以下;引自罗伯茨前引书,第61页注释4.

缩写,上面添一横线作为标志。特别是像"神"(θεός)、"神子"(κύριος)、"耶稣"(Ἰησοῦς)和"基督"(Χριστός)这些词。⑪"圣名缩写"和只使用册子本,都是基督教独有的做法,完全不见于犹太或教外的写本。在《巴那巴书》中有一处已将"圣名缩写"视为理所当然,所以这种方式即使不能追溯到使徒时代,也至少可以追溯到使徒教父时代(Sub-Apostolic Age)。⑫这给我们提出一个问题:采用册子本和发明圣名缩写系统,是否当视为两个独立、彼此不相关联的创举(可能起源于基督教世界的不同地区),还是说,二者之间存在某种联系?斯基特于1969年首次提出或许存在这样的联系,他写道:"引入圣名缩写和采用纸草册子本似乎同时发生,联系紧密,其中大有深意。这个阶段也是犹太学者大爆发的时期,结果导致希伯来圣经的标准化。所有这些竟然发生在同一时间,令人惊叹。同样令人惊叹的是,这似乎显示出基督教群体中某种程度的组织化、统筹规划以及统一行事,迄今为止我们对此都没有觉察,而这也帮助我们对早期教会史有了新的认识。"⑬我们还可以发现,不管圣名缩写到底想达到什么目的,它与册子本有一个共同特点,就是将基督教书籍与犹太教和教外书籍区分开来。

　　两种创新竟有同一源头,初看很有道理。如果接受这个观点,那么基督教册子本之发端就不能与罗马和西方联系在一起了(也就是上面已讨论过的假说),因为最早的拉丁文写本要么就根本不用圣名缩写,要么虽然采用,但时有时无,没有规律可循。⑭亚历

---

⑪ 关于圣名缩写的起源和意义,见罗伯茨前引书,第26—48页。
⑫ 《巴那巴书》的年代,现在可参宾逊前引书,第313—319页。他认为这封书信的成书年代完全可以定为公元75年左右,他本人将其定为耶路撒冷陷落之后不久。
⑬ 《剑桥圣经史》(The Cambridge History of the Bible),卷二,第72—73页。
⑭ 罗伯茨前引书,第43—44页。

山大城同样也要被排除在外,因前文已述,早期埃及教会名声不显。若上述两个地区被排除,那么只剩下两个早期基督教教会,只有它们才有足够的权威能设计出这两种创新,并将其推行于整个基督教世界。这两个教会就是耶路撒冷和安提阿。

支持耶路撒冷的证据已在别处讨论过了,⑮但仅限于圣名缩写。现在我们也必须考察一下册子本,如果册子本与圣名缩写之间的联系确有依据,而耶路撒冷可推定为二者共同的发源地,那么这必定发生在公元66年犹太战争爆发、基督教团体出逃之前。而如果安提阿为二者的发源地,则不受这种时间因素的影响。但是,也不必认为耶路撒冷和安提阿二者相互排斥。两城之间关系紧密,所以一项发明或者两项发明都有可能通过两个教会的共同协商来完成。⑯

认为安提阿⑰在圣名缩写和册子本的起源两方面至少起到了部分作用,这方面的证据也很强。犹太基督徒在司提反(Stephen)死

---

⑮ 罗伯茨前引书,第45—46页。

⑯ 若反对将安提阿当作圣名缩写的发源地或者唯一发源地,可以强调圣名缩写不见于叙利亚文写本中。但是,这似乎是叙利亚文语言和字体所致。感谢布洛克博士(S. P. Brock),他向我们指出,在希腊文中,像 $\overline{KC}$ 和 $\overline{\Theta C}$ 这样的形式不会带来混乱或者误解,但是假设叙利亚文也有类似的缩写(取每个词的首尾字母),会非常麻烦。比如说,从表示"主"的 mry' 一字中取出首尾字母,组成 m',再从表示"上帝"的 'lh' 中取出首尾字母,组成 ''。可是 m' 与表示"当……的时候"的 m' 一字无法区别开,而且也可以代表 mšyḥ'(弥赛亚)一字的首尾字母。实际上,当 mšyḥ' 一字最终被简写时(仅见于中世纪抄本),遵循的是完全不同的系统,使用的是 mš 或者 mšy。

⑰ 有关安提阿的基督教情况,见格兰维尔·唐尼(Glanville Downey)的《叙利亚安提阿历史》(A History of Antioch in Syria),1961年,第2章《从使徒时代到公元284年在安提阿的基督教团体》。另见让·拉旭(Jean Lassus),《罗马时代的安提阿:基督教》("Antioche à l'époque romaine: Christianisme"),载于《西罗马的崛起与衰落》(Aufstieg und Niedergang der römischen Welt),II. 8,第88—94页。

后从耶路撒冷散走,安提阿是他们寻求庇护的一个主要地区。⑱ 在这里,他们当中从塞浦路斯和古利奈(Cyrene)来的犹太人(他们很可能懂希腊文)向当地居民中讲希腊语的人群传福音。⑲ 更重要的是,正是在这个希腊文化中心,向外邦人传教才有了突破。向外邦人传教的传教士需要希腊文抄本,最开始可能只是《七十子圣经》的抄本。显然,这些供非犹太人使用的抄本,不可能使用希伯来文中称呼上帝之名的四字符(tetragram),而必须找到一替代方式,这有可能导致圣名缩写的发明。⑳ 但我们还必须解释同时出现的册子本。从犹太教的材料中,㉑我们了解到,口传法典,也就是《密施拿》(Mishnah),不能正式形诸文字,但孤立的断案(decisions)或者犹太拉比的语录则可以被记录,而且也确实被记录下来。它们或者写在版牍上(πίνακες),或者写在《密施拿》所称的"私人小卷"(small private rolls)上。因为犹太儿童如外邦儿童一样,在教育初期都用版牍(tablets),而且以后也继续用作备忘录,所以这些都属于熟悉的日常用具。《密施拿》中曾引一段断案,㉒据说不晚于 2 世纪中叶,其中提到 3 种版牍:蜡板、表面打磨光滑的写板(正如罗马人的象牙写

---

⑱ 《使徒行传》11:19。

⑲ 《使徒行传》11:20。

⑳ 罗伯茨前引书,第 34—35 页。【译注】所谓"四字符",指古代犹太人书写上帝的专名时,因神的名号不可称说,出于避讳的原因,只写辅音 4 个字母(英文写作 YHWH)。有学者认为,早期基督教抄经时所使用的"圣名缩写",就来自这一犹太传统。

㉑ 这里论及犹太书写习惯,我们从利伯曼(S. Lieberman)的书中受益良多:《犹太巴勒斯坦的希腊文化》(*Hellenism in Jewish Palestine*),1950 年,附录三:《犹太与基督教册子本》(第 203 页以下)。另外要注意,将口传律法写在版牍上,这种形制本身就说明抄写的意图并不在发表,而以卷轴装来发表则会被视为违反律法。有关发表和口传律法,见利伯曼前引书,第 84 页以下。

㉒ *Kelim*, xxiv. 7 (《密施拿》,丹比[H. Danby]翻译,1933 年,第 639 页)。年代问题见利伯曼前引书,第 203 页。

板)以及用纸草制成的写板。三种之中,只有第二种满足祭拜仪式的要求。希腊化时代以后,在安提阿就有人数众多的犹太人群,上面提及的版牍,包括纸草写板,应当在当地犹太人中间广泛使用。因此,人们有可能用纸草写板来记录耶稣所宣讲的口传律法(the Oral Law),而这些写板可能发展成册子本的原初形式。耶稣这些"语录"(*logia*)被记录下之后,有可能又加上一段有关他受难的记述,这样,福音书之雏形(a Proto-Gospel)便初具规模。㉓犹太战争一旦爆发,安提阿就在说希腊语的世界中成为基督教大都市,居于主宰地位,无人与之争锋。而写板能演变成册子本,就极有可能发生于此,如此也为该城成为圣经研究中心奠定了基础。如果首部写在纸草册子本上的书籍是一部福音书,由于福音书本身所具有的权威性,那么就很容易理解为何册子本能迅速成为基督教经书所采用的唯一书籍形式。

与之针锋相对的意见认为,犹太人同样使用写板来记录口传律法,但这样的做法并没有发展成册子本。但从另一方面想,犹太教使用卷子有根深蒂固的历史传统,而且受律法的约束,所以这样的发展是不可能发生的。但是,基督徒就不会有这样的禁忌。前面已述,对他们来说,采用册子本就如同圣名缩写一般,会将他们与犹太人与教外人群区分开来,因此用册子本可能会平添一层吸引力。

如果上述假说成立,那么皮纸札记簿(*membranae*)就在基督教纸草册子本的发明中,只起了很小的作用。的确,圣保罗曾用皮

㉓ 人们提出各式各样的理论,指出正典福音书和《使徒行传》中有一部分、或有可能是全部,是在安提阿写就的,但没有一种说法能被证实,甚至连可能性都不大。可能只有《马太福音》最有可能起源于安提阿,或者至少源自叙利亚。

第十章　基督徒采用册子本：两种假说

纸札记簿(《提摩太后书》4:13㉔)，埃及出土的2世纪一封纸草书信(P. Petaus 30)提到购买了一些μεμβράναι(皮纸)，但是我们缺乏证据，无法将这些说法同基督教纸草册子本联系起来。我们已看到(第29页)，而且后面还将看到(第71页)，皮纸册子本先于纸草册子本出现的说法，即使在教外文献中也远未得以证实。对基督教写本而言，这一说法更是缺乏说服力。确实，要想找到一本早至3世纪、写在皮纸上的基督教册子本，非常不易。㉕

稍事总结。虽然上述两种假说均无法证实，但第二种假说的可能性肯定更大。最后需要考察的，就是基督徒大约在何时采用了册子本。或者说，大约在何时，教会中达成共识，确定册子本是抄写经书的唯一可接受的书籍形式。两种假说均未提供任何时间背景。就第一种假说而言，若《马可福音》提供了最终的模式，我们还是不知道这部福音书作于何时，其副本何时传到亚历山大城，

㉔【译注】和合本译作"皮卷"，天主教思高本译作"羊皮卷"。

㉕基督教最早的皮纸册子本之一，可能是《使徒行传》的一页，柏林纸草编目11765号 = 范·海勒斯特目录编号479(P. Berlin. Inv. 11765 = van Haelst 479)。罗伯茨将其定为2—3世纪。但是E. G. 特纳在《早期册子本分类研究》中，列为"新约皮纸册子本第76号"，定为4世纪，见第29页和第159页。在《分类研究》第39页(也可对比第94页)，有"早期皮纸册子本详表"，其中没有基督教写本被定为2—3世纪。有五部定为3世纪，计有：

1.《罗马书》。新约皮纸册子本82号(范·海勒斯特495号)
2.《约翰二书》。新约皮纸册子本107号(范·海勒斯特555号)
3.《彼得行传》。新约经外书13号(范·海勒斯特603号)
4.《创世记》。旧约第1号(范·海勒斯特5号)
5.《托比特书》(Tobit)。旧约186号(范·海勒斯特82号)

但是关于这五部写本，还需谨慎。第1件定为"3世纪?"，表示3世纪，但存疑，见第160页。第2件在第163页上写作"原编者定为3世纪；特纳定为4世纪，但存疑"。第3件原编者定为4世纪早期(H. J. M. Milne也这样认为)。第4件很可能是犹太写本，参看罗伯茨前引书，第33—34页，第77页。第5件被卡瓦罗定为3世纪—4世纪。

也不知道纸草作为书写材料,到底需要多长时间才能取代皮纸。第二种假说同样没有明确结果。如果采用册子本与耶路撒冷有关,前面说过,那就必须发生在公元 66 年之前。但如果安提阿也有参与,那么年代晚一些也同样有可能。

  保留下来的唯一确证就是写本本身。我们已看到,有不少基督教纸草册子本出自 2 世纪,其中至少有一部写本,大家一致认为应不晚于公元 150 年。就我们所知,这些写本都是在外省完成的,因此要说它们就是最早制作出的册子本,这几乎不可能。总而言之,若说基督教大约在公元 100 年之后才采用册子本,这很难让人相信(当然有可能发生得更早)。在下章当中,我们暂时就采用这个年代。

第十一章　基督教册子本与圣经正典

　　有一种意见，认为早期基督徒采用册子本，是受到圣经正典发展的影响。① 古代作家无人道及此点，也没有直接证据，因此所有关于这个话题的讨论必然都限于猜测。

　　若就整部基督教圣经而言，册子本对其内容是否产生过任何影响，这一点可以立即排除。希腊文圣经全本的抄本，不管出自哪个年代，都极为稀少。而且不管怎样，旧约正典的历史完全依赖犹太正典，因此与新约的情况迥异。

　　即使就新约整体而言，册子本的出现是否曾对正典产生过任何影响，此点也存疑。包含全部新约的希腊文抄本极少见。库尔特·阿兰德在1963年出版的《新约希腊文写本简明编目》(*Kurzgefasste Liste der griechischen Handschriften des Neuen Testaments*)第61—202页，列出2646件以小写字体(minuscule)抄写的写本。其中只有56件包含新约全本，另有136件包含除《启示录》之外的全部新约，因东方教会对《启示录》一书长期以来持怀

---

① 【译注】"正典"(canon)指的是教会所认可的圣经篇目，也就是哪一卷书可以算作"经"。被列入正典的篇章，就获得经书的地位。而没有被列入正典、或正典地位有争议、又或者早期被包含进圣经之中但后来又被排除在外的，称为"经外书"或者"次经"。

疑态度。拉丁文②以及其他文字的早期译本，情况也大致如此。因此，册子本对新约内容的影响，只能波及规模较小的一组作品，特别是四部福音书和保罗书信。

先来看福音书。如果四福音正典的确立在某些方面与采用册子本有关，那么有三种可能。或者正典先确立，然后偏爱册子本的形式，因册子本可以将全部四福音书纳入单独的一册；或者是先采用了册子本，然后认识到它提供了多种可能性，支持了四福音正典的确立；又或者，出于偶然也罢、出于人为也罢，总之两件事同时发生，不存在一方必定影响另一方的问题。

如前述，采用册子本的年代不可能晚于大约公元100年，因此四福音正典确立的年代就变得至关重要，至少我们需知道这发生在公元100年之前还是之后。可惜，目前有关圣经正典出现的年代或者详情，并没有定论。最近探讨此问题的是汉斯·冯·坎朋豪森(Hans von Campenhausen)。他在1972年出版的《基督教圣经之形成》(The Formation of the Christian Bible)一书中，将正典的出现定在殉教者查士丁(Justin)和伊利奈乌之间(第171—172页)，也就是大约公元160—185年之间。他还补充说："确定比这更精确的年代，没有可能。"他的理由如下："四福音正典不是有意为之的创造，不是一朝一夕就'构建'出来的，也不是从一个中心向四处弥散的。正典是逐渐形成的，早先有人提出动议，最终被普遍接受。"关于正典形成的具体情况，他的观点是：正典出现的原因，或者是为了直接回击马西昂，或者，更有可能因为马西昂造成

---

② 圣经全本的拉丁文写本，也称作"全经"(Pandects)，可见麦茨格的《新约早期译本》，第336页注释1。

一片混乱,所以教会被迫出面来界定哪些著作具有权威性、确是真作。③ 但是,在其他地方,坎朋豪森似乎又给正典的出现以更宽的时间范围,比如他说"四福音正典之起始只能放在,也必须定在2世纪下半叶"(前引书,第238页注释156)。

伊利奈乌认为,四福音正典之建立乃出于神意,与自然力相吻合。因此公元185年前后,可定为正典创立的年代下限(terminus ante quem)。但我们完全无法肯定查士丁的年代可作为年代的上限(terminus post quem)。比如,就四福音正典是早于还是晚于马西昂(大约公元140年),穆尔教授就未下断语:"到了公元140年前后,那位有趣的异端分子发现四福音书早已得到认可了吗?他是不是有意舍弃《马太福音》《马可福音》《约翰福音》(以及《路加福音》中他觉得无法接受的部分)?还是说,大公教会④发现马西昂片面使用文献而造成天下大乱,才将四福音书合为一编,以恢复平衡,形成四重和谐?这也是我们讨论整部新约正典时遇到的问题:马西昂的圣经是第一部圣经正典吗?正统的正典是大公教会后发制人的回应吗?还是说,马西昂轻率地歪曲业已存在的圣经正典?目前没有确凿的证据证明在马西昂之前就已存在一部大公

---

③ 【译注】马西昂(Marcion,卒于公元160年前后),2世纪的异端神学家。马西昂认为,旧约中的上帝是低等、残暴的造物神,而新约中的上帝才是仁爱的真神。因此,他完全抛弃希伯来圣经,对于基督教新约的内容则做了大幅删改,只保留了被重新编辑的《路加福音》和10封保罗书信。很多学者一度认为,正是因为马西昂对基督教圣经做了彻底的改动,才导致正统教会有意识地确立圣经正典,也就是仔细规定了旧约和新约的具体篇目。

④ 【译注】"大公教会"(the catholic Church)也就是早期基督教的正统教会,因catholic一字表示普遍为人接受、不拘一时一地。东方和西方教会分裂之后,东方教会称"正教"(The Orthodox Church),而西方教会则保留"公教"的说法。只有在宗教改革之后,因为分裂出了"新教",所以catholic才有了中文中"天主教"的含义。

教会的圣经正典。我们已然暗示,马西昂可能是导火索。我们尚无法确定。"(《新约的诞生》,第257—258页)

既然学者们大多不能确定,那么很难在四福音正典和使用册子本之间窥见任何联系。⑤只能说,目前至少无人提出圣经正典早至公元100年前后就已产生。所以我们只能得出初步的结论:采用册子本要先于四福音正典。如果此点能成立,现在就需要考察册子本的出现是否影响了正典。

册子本出现在先,这当然对正典的产生没有实质影响。犹太人没有册子本的帮助,也照样确立了他们自己的旧约正典。毫无疑问,基督教教会在确定四福音正典之时,完全不必考虑在四福音传布过程中,它们到底是写在4张卷子上,4部册子本上,还是抄在同一部册子本上。有一种观点认为,册子本对正典的形成施加了决定性影响,其中一个重要方面便是四福音书列在正典中的先后次序。坎朋豪森认为:"若任何抄本已确立了福音书的固定次序,这种情况就只能说明,从最开始,福音书就抄在一部册子本上。"(前引书,第173页)但是也有相反的证据,说明福音书其实有多种排序方式,特别是所谓"西方排序法"(Western Order),按《马太福音》《约翰福音》《路加福音》和《马可福音》的顺序。此种

---

⑤ 主张把采用册页装和四福音正典联系起来的最详细的论证,见鲁德伯格(G. Rudberg)所著《新约文本与圣名缩写》(Neutestamentlicher Text und Nomina Sacra),乌普萨拉,1915年,第36—46页。鲁德伯格接受了赫尔曼·冯·索登(Hermann von Soden)的论点,即福音书抄本的三个分支I、H和K均来自同一个I-H-K母本,他得出结论:这一母本可推知是册子本,因为单独一张卷子无法容纳所有四福音书。见前引书,第36页。"福音书的形制,以及I-H-K母本,不可能是一张卷子,因为我们必须认为这是一部书,一部册子本。"这样,选择册子本就和四福音正典的建立密切联系在一起,二者相互依存。但是,冯·索登的理论没有被接受,而且后来的发现也已极大地改变了这种观点。

排序法也见于4世纪的《福利尔福音书》(Freer Gospels),⑥这个抄本几乎可以确定出自埃及。而坎朋豪森自己也指出,虽然伊利奈乌讨论福音书起源时,使用的是正统的排序(显然因为他相信这是按照各福音书写成的年代来排列的),但在其他地方他也总使用《马太福音》《路加福音》《马可福音》和《约翰福音》这样的顺序(前引书,第195页,注释第243条)。

但是关于四福音正典与册子本之间是否有确定的联系,也许最有力的反证就是:在2世纪以及之后,福音书各卷仍然单独流传,或小规模结集,或与圣经其他各卷在一起。不仅希腊文写本如此,就是各种圣经译本的写本也如此。赞恩(Zahn)给出了4世纪以降的例子,⑦而早于4世纪的例子也有很多。今存最早的福音书写本,莱兰茨纸草(Rylands)之《约翰福音》(P 52)很可能只抄有这一部福音书(详下),相同情况的还有稍晚的博德莫纸草中的《约翰福音》(P 66),以及3世纪的写本P 5,这是一叠纸(single-quire)从头至尾相联的对折(bifolium)册子本,也抄有《约翰福音》。还有一个显著的例子,是4世纪的《约翰福音》册子本,从Qau出土,用后期阿克米语(Sub-Achmimic)写成。⑧少于四部福音书的合集,可见博德莫纸草中的《路加福音》和《约翰福音》(P 75),还有分别存放在巴黎、牛津和巴塞罗那的《马太福音》和《路加福音》册子本(P 4 + P 64 + P 67),或者是5世纪用沙希地语(Sahidic)⑨翻译的《路加福音》和《马可福音》的巴塞罗那册子本。

---

⑥ 【译注】由底特律的富商Charles L. Freer在埃及购得,现藏于华盛顿。

⑦ 《新约正典史》(*Geschichte des neutestamentlichen Kanons*)卷一,1881年,第60页。

⑧ 【译注】后期阿克米语,是科普特语一种方言,4、5世纪在埃及广泛使用。

⑨ 【译注】沙希地语是埃及科普特语的一种方言。

尽管有这些反对意见,但是猜测一下在 2 世纪将四福音书合在一部册子本中是否可行,也不失为一桩有趣的工作。如果我们对照一部 2 世纪柏拉图《理想国》的册子本,那么毫无疑问,这在技术上是可行的。这部《理想国》包含 11846 "标准行"(στίχοι),而根据兰德尔·哈里斯(Rendel Harris)的计算(使用 Westcott 和 Hort 编辑的新约,考虑了圣名缩写因素),四福音书只包含 8345 标准行。但是,这部柏拉图册子本,抄写的字体极小,与早期基督教写本不同。而且现存 2 世纪福音书册子本的证据,也不利于四福音曾合为一册的论点。2 世纪基督教册子本篇幅最长的,是切斯特·比提纸草中的《民数记》和《申命记》,⑩包含 108 叶(= 216 页)。而一本容纳四福音的写本,若以同样的字体和形制誊写,就会包含 135 叶(= 270 页)。博德莫纸草中的《路加福音》和《约翰福音》(P 75)最初由 72 叶(= 144 页)组成,若再加上《马太福音》和《马可福音》,至少也需要增加 60 叶,则总计为 132 叶(= 264 页)。上面提到的分别收藏于巴黎、牛津和巴塞罗那的《马太福音》和《路加福音》写本,非常残破,但是《路加福音》的残本显示出这部福音书应当会占去 44 叶(= 88 页)。基于此,则四福音书总共会占 144 叶(= 288 页)。后面会看到,所有这些数字都远远大于目前所知的任何一部 2 世纪册子本。

到了下一个世纪,切斯特·比提福音书和《使徒行传》(P 45)最初有 110 叶(= 220 页),原因是页面的面积增大(约 25.5 厘米 × 20 厘米),可以书写的区域也增大(约 19 厘米 × 16 厘米),

---

⑩ 在尼科弗如斯(Nicephorus)的标准行计算法中(米涅,《希腊教父总集》,第 100 册,1055 栏[Migne, *Patr. Gr.* 100, col. 1055]),《民数记》和《申命记》加起来,包括 6630 标准行(στίχοι)。

同时字体要比大多数 2 世纪册子本要小。目前而言,容纳全部四福音书的 2 世纪册子本似乎不太可能出现,坎朋豪森下面的结论就甚堪玩味:"伊利奈乌和《穆拉托利经目》(the Muratorian canon)将四重福音书视为属灵的统一体(a spiritual unity),这一点是一个神学现象,与书籍制作无关。"(前引书,第 174 页)

到目前为止,我们的讨论仅限于福音书。新约其他部分中,最有可能受到册子本影响的一组著作,当然就是保罗书信。这些书信整体算起来,要比福音书短了许多(根据兰德尔·哈里斯的计算,长度为 5095 标准行),[11]因此包含整部保罗书信的一本册子本在 2 世纪相对而言就更有可能,就像出于 3 世纪的切斯特·比提册子本所显示的那样。但是没有任何证据显示,册子本在这些书信的选择或流通过程中曾起到任何作用。[12]

---

[11] 参见前引书,第 38—39 页。这个数字包括了《教牧书信》(the Pastoral Epistles)和《希伯来书》。【译注】所谓《教牧书信》,指新约中的《提摩太前书》《提摩太后书》和《提多书》,因为三封信均涉及教会的管理("牧养"),所以后来合称为《教牧书信》。

[12] 关于保罗书信正典的产生、以及马西昂选编保罗书信可能起到的影响,各家理论可见冯·坎朋豪森前引书,第 176 页以下;穆尔前引书,第 258—266 页。古德斯彼得(E. J. Goodspeed)和约翰·诺克斯(John Knox)提出,保罗书信的结集可能出于奴隶阿尼西姆(Onesimus)之手。他们将此事放在公元 85 年后不久。而祖恩兹(G. Zuntz)认为,保罗书信最初合集的本子,可能在大约公元 100 年,成于亚历山大城(转引自穆尔前引书)。

第十二章　非基督教文献中的册子本

我们已经尝试解释为何早期基督徒——或许是最早的基督徒——会采用册子本形式来抄写圣经,而完全排斥卷子。现在我们要面对更困难的问题:在非基督教文献领域内,找到从卷子本过渡到册子本的解释。第七章中的数字已经说明,这不是突如其来的革命,而是一场缓慢、但不可逆转的转变,从一种书籍形式到另一种书籍形式,这场转变需若干世纪才得以完成。

乍看起来,有一种显而易见的解释,那就是当时基督教书籍形式所带来的影响。在公元 300 年之后,甚至可能在此之前几十年,所有阶层当中,有很大一部分人、而且越来越多的人一定熟悉基督教册子本。我们可以想象,基督教最终的胜利应该让人有更大的动力去采用基督教模式。但是,刚刚提到的数字清楚地显示,虽然册子本在公元 2 世纪的非基督教图书中出现不多,但数字也比较可观,所以当时就已受基督教影响这种可能性可以断然排除。

现在我们必须看看有关册子本起源的最新讨论,见卡瓦罗教授的著作《古代世界的图书、出版商和公众:历史与考证指南》(*Libri, editori e pubblico nel mondo antico: guida storica e critica*,罗马,1975),第 xix—xxii 页,以及第 83—86 页。他先提到大家普遍认为册子本会具有的那些实用性优势,我们已在第九章详细讨论过了,比如廉价、压缩空间、翻检方便等等。但他坚持认为,这些并非关键因素,或者说,这些只起到辅助作用。随后,他展开自己的理论。他承认基督教册子本由来已久,并认为早期基督徒出自社会底层,图书对他们来说比较稀罕。而这样的阶层,不管是不是基督徒,应当十分熟悉用于备忘录、商业交易等活动的册子本札记簿。这些阶层的人所拥有的文学,不会是经典文学,而可能是像洛利阿努斯(Lollianus)的《腓尼基故事》(*Phoinikika*)这样的流行故事(保存于2世纪的一部册子本中),⑬或者对于工匠而言,可能是技术性或实用类的著作。这些阶层不仅对卷子毫无兴趣,而且还会抱有非常敌视的态度,因为他们心里认为这种书籍形式代表贵族精英阶层。这些来自底层的社会圈子慢慢晋身为日益强大的中产阶级,他们的偏好会渐渐左右制书行业,最终连贵族阶层也不得不屈服,转而采用册子本。

虽然卡瓦罗教授讲得头头是道,但必须承认,很难发现任何证据来支持他的结论。绝大多数早期基督徒来自下层阶级,而这一背景让他们偏爱册子本,这一理论让我们想到威尔海姆·舒拔60年前所持的观点(《希腊人和罗马人的图书》,第119页以下,"册子本:穷人的书")。⑭在这一阶段,或者说任何阶段,基督徒就人数而言,当然大多来自底层阶级,⑮但这并不能说明,圣经的书籍形式

---

⑬ 【译注】英译文见 *Collected Ancient Greek Novels*, ed. B. P. Reardon, new edition. Berkeley: University of California Press, 2008。

⑭ 这个标题不是舒拔的原创,而是取自比尔特的《概要》,第351页。

⑮ 这是广为接受的观点,可对比卡瓦罗前引书,第 xx 页:"赋予早期基督教群体以活力的,是没有经济、政治和文化地位的贫民。"但是,可参查智(E. A. Judge)的著作《1世纪基督教群体的社会模式》(*The Social Pattern of the Christian Groups in the First Century*),1960年,第60页:"如果科林多人算是有代表性的话,那么基督徒(转下页)

如此重要的问题,一定是由他们这些人来决定的。而且,说图书对他们来说比较稀罕,这一说法肯定是夸大其辞了。举个例子,假如说奥克西林库斯的居民从未亲眼见过一部书,这令人难以置信。卷子本肯定是大家更为熟悉的书籍形式,因为它广泛用于各个领域,不仅在军队、法庭乃至地方政府下级办事机构这样的官方场合,还被商人用作账册和簿记。

有一种说法,认为存在一种特殊的亚文化(sub-culture),其偏爱的读物就是以册子本流通的流行故事(popular romances)。这个说法有些吸引力,但确凿的证据却十分薄弱。如果我们来分析从埃及出土的现存传奇故事残篇,情况如下:

	卷子本	册子本
1 世纪	4	0
1—2 世纪	2	0
2 世纪	9	2
2—3 世纪	10	0
3 世纪	4	1
总计	29	3

这些数字取自蒙特维奇(O. Montevecchi)的《纸草学》一书

(接上页)根本不是受到社会压迫的群体,他们中间的大多数是大都市中志得意满的人。"第61页:"普林尼承认,基督徒来自广泛的社会阶层,从罗马公民一直到下层。他对于基督教的人数有些大惊小怪,但他也对令人不安的局面感到吃惊,因为这个新宗教不仅侵蚀到城市,也侵蚀到乡村。但在此之前,我们完全可以将基督教视为希腊化大城市中有相当财力支持的社会运动。"

(*La Papirologia*),1973 年,第 360—363 页,以及后来的增补,比如《奥克西林库斯纸草》第 31 辑第 2539 号(P. Oxy. xxxi. 2539),第 42 辑,第 3010、3011、3012 号(xlii. 3010,3011,3012),以及特纳列出的第 8 号(P. Turner 8)。两部 2 世纪的册子本阿基里斯·塔提乌斯(Achilles Tatius)(列为帕克所编目录第 2 版,第 3 号[Pack² no. 3])和方才提到的洛利阿努斯之《腓尼基故事》;3 世纪的册子本还是阿基里斯·塔提乌斯(帕克所编目录第 2 版,第 1 号)。

如果我们考察可以被称为流行文学的其他作品,有一类作品首当其冲,称为"教外殉教记"(Acts of the Pagan Martyrs)或《亚历山大城殉教记》(Acta Alexandrinorum)。这一批文本,蒙特维奇给出了下列数据:

1 世纪	5
1—2 世纪	0
2 世纪	8
2—3 世纪	8
3 世纪	7
合计	28

所有这些写本都是卷子。

还有一篇作品,被视为典型的流行文学,那就是《陶工神谕》(the Oracle of the Potter)。这篇作品我们有 3 件写本,一件是 2 世纪,两件是 3 世纪,所有写本都是卷子。

同样,一部流行的算命书,题为《星灵占经》(Sortes of Astram-

第十二章 非基督教文献中的册子本   101

psychus），⑯目前见于5件写本：《奥克西林库斯纸草》第12辑1477号（P. Oxy. xii. 1477）；《奥克西林库斯纸草》第38辑，2832号+第47辑3330号（P. Oxy. xxxviii. 2832 + xlvii. 3330）；第38辑2833号（xxxviii. 2833）；莱顿纸草（即出，《莱顿大学纸草》24号[P. Lugd. -Bat. 24]）；未编辑的奥克西林库斯纸草（见布朗的论文《一件新发现的〈星灵占经〉纸草册子本》，见《熠熠生辉：希腊研究论文集，献给伯纳德·诺克斯》（G. M. Browne, "A New Papyrus Codex of the *Sortes Astrampsychi*"，载于 *Arktouros: Hellenic Studies presented to Bernard M. W. Knox…*，1979年，第434—439页）。前面4件都出于3世纪到4世纪之间，尽管册子本对翻查卜筮书特别方便，但这些写本都写在卷子上。唯有第5部是册子本，是所有写本中最晚的（4世纪晚期）。虽然我们也期待巫术书会使用册子本，但现存的巫术册子本都晚于4世纪，两部现存的手相算命书也是一样（帕克《编目》第二版2112和2113号[Pack^2 no. 2112, 2113]）。

我们会看到，想把流行文学的读者和对册子本的偏好联系起来，至少从埃及的情况来看，并无证据支持。我们也没有理由认为埃及在这一方面就缺少代表性。另一观点认为，以册子本抄写的技术类文本，乃是工匠阶层的读物，这一点更难以坐实。没人给出例证，而且我们仔细检索特纳《早期册子本分类研究》书后的册子本编目，找不到任何一本有可能属于工匠的读物。就目前所知，这两个假说必须被视为未经证实。

---

⑯【译注】这是一部流行的民间卜筮书，托名于 Astrampsychus（astra = 星，psychus = 灵），这里姑且译为《星灵占经》。书中教人先求签，然后再用数字法在书中查找相对应的卦辞。目前这部书见于十多部纸草残篇，另有9世纪或10世纪的拜占庭抄本，可见即使在中世纪基督教世界中，这部占筮书仍很流行。

卡瓦罗教授总结了他的观点,他将书籍形式改成册子本的动力说成是"来自下层的压力"(una spinta dal basso),并把这种改变与古典社会转变为古代晚期世界的深刻的社会和经济变迁联系在一起。他认为,安多尼时期(the Antonine age)⑰脆弱的平衡被打破,引发了更剧烈的阶级分化。使用卷子本的人群与社会精英一道,人数缓慢递减,逐渐沦为少数,与卡瓦罗教授所谓中下层阶级新兴的阅读大众日益疏离,渐行渐远。这种变化期或许促进了册子本大行其道,但并不能解释其流行的原因。如果卡瓦罗教授的论点(往好了说)未经证实的话,那么我们就必须寻找新的解释。首先来看一批已经定为 2 世纪或者可以被定为 2 世纪的非基督教册子本。这份列表共有 17 项,都用 $Pack^2$ 编号来标记。⑱ 我们还加上特纳《早期册子本分类研究》书后的"书中参考过的册子本统一列表"编号,以及这部书中给出的关于年代的注释(这些年代有时与我们的判断不一致)。

列在最前面的两项是现存最早的、著名的皮纸册子本:

1. $Pack^2$ 293. 德摩斯梯尼,《伪使》(De falsa legatione)。《分类研究》,47 号(2 世纪)。

2. $Pack^2$ 437. 欧里庇德斯,《克里特人》(Cretans)。《分类研究》,80 号(2 世纪?存疑)。

下面的例子,除第 16 项之外,全部写在纸草上。

---

⑰ 【译注】"安多尼时期"指罗马帝国 138—192 年这一时期。始于安多尼努斯·皮乌斯(Antoninus Pius,138—161 年在位),经哲学家皇帝马可·奥勒留(Marcus Aurelius,161—180 年在位)和路基乌斯·维鲁斯(Lucius Verus,161—169 年在位),终于康莫都斯(Commodus,181—192 年在位)。

⑱ 【译注】指帕克编辑的《希腊罗马时代埃及出土的希腊文、拉丁文典籍写本编目》(The Greek and Latin Literary Texts from Greco-Roman Egypt),第 2 版。

3. Pack² 3. 阿基里斯·塔提乌斯,《雷乌希培与克雷托芬》(*Leucippe and Cleitophon*)。《分类研究》2 号(2 世纪)。

4. Pack² 311. 德摩斯梯尼《诉阿里斯托克拉特》之注释(*In Aristocratem*)。《分类研究》,52 号(特纳定为 3 世纪,原编者和罗伯茨定为 2 世纪)。

5. Pack² 645.《荷马杂占》(Homeromanteion) + 1801《游冥府》(Epic Katabasis)。⑲《分类研究》,107 号(2/3 世纪;罗伯茨定为 2 世纪)。

6. Pack² 747. 荷马,《伊利亚特》卷五。《分类研究》,122 号(特纳定为 2—3 世纪)。

7. Pack² 868. 荷马,《伊利亚特》卷二。《分类研究》,139 号(2 世纪;特纳定为 3 世纪)。

8. Pack² 1362. 品达,《颂歌》(*Paeans*)。《分类研究》,250 号(特纳定为 2 世纪)。

9. Pack² 1546. 色诺芬,《居鲁士的教育》(*Cyropaedia*)。《分类研究》,280 号(2 世纪)。

10. Pack² 2145. 语法手册。《分类研究》,356 号(特纳定为 3 世纪)。

11. Pack² 2155. 语法手册。《分类研究》,359 号(特纳定为 3 世纪)。

12. Pack² 2340. 医书。《分类研究》,387 号(2 世纪?存疑)。

13. Pack² 2355. 医学手册。《分类研究》,389 号(1—2 世

---

⑲ 【译注】《荷马杂占》是 4 世纪作品,从荷马史诗中杂取诗行,不顾上下文,连缀在一起,共 216 行。用于问吉凶。

纪,原编者的意见)。

14.《奥克西林库斯纸草》第 30 辑,2517 号(P. Oxy. xxx. 2517)。荷马史诗字汇。《分类研究》,207a 号(2 世纪)。

15. 洛利阿努斯,《腓尼基故事》。《分类研究》,223a 号(2 世纪晚期)。

16. 柏拉图,《巴门尼德篇》(*Parmenides*)。《分类研究》,254 号(特纳定为 3—4 世纪;原编者定为 2 世纪)。

17.《奥克西林库斯纸草》第 44 辑,3157 号。柏拉图,《理想国》。《分类研究》,255a 号(2 世纪)。

这些册子本首要的、最明显的特征就是门类混杂,有韵文也有散文,有科学类也有方技类的书。这说明要想在卷子本过渡到册子本的过程中寻找唯一的原因,也许是错误的。这也可作为一个初步的结论。如果我们仔细考察表中各项,我们可以先来看看这些残篇中是否有些来自"单卷本"的写本("one-volume" manuscripts)。最后一项,也就是柏拉图的《理想国》,肯定符合要求。这个写本上每页大约有 59 标准行(στίχοι)。根据比尔特在《古代书业》第 442 页上给出的各书的数字,《理想国》十卷的标准行总数为 11846。而这张奥克西林库斯第 3157 号纸草,如果原来包含全书,应当是一部几乎有 100 叶(= 200 页)的册子本。页面大小应为 13 厘米×22 厘米。如果纸草的厚度为 0.3 毫米,那么可推算出整部写本应是非常方便趁手的一册。若不考虑装订的话,尺寸应为 13 厘米×22 厘米×3 厘米。与之相反,同一时期的《奥克西林库斯纸草》第 47 辑 3326 号,是《理想国》第 8 卷卷子本的残片。编者说,这张卷子"很可能只容纳第 8 卷这一卷,而这已经使卷子的长度达到约 7 米"。所有这些都说明,上述列表中有些其他写本,有可能是单卷本。比如第 9 项色诺芬的著作,就有可能包含整部《居鲁士的教育》(根据比尔特前引书的计算,共计10817标准行),而 3 世纪的册子本《莱兰茨纸草》第三辑 549 号(P. Ryl. iii. 549)也肯定如此。我们还可以猜测,品达的《颂歌》残篇(第 8 项)是否出自一部品达合集,阿基里斯·塔提乌斯(第 3 项)是否包含整部的《雷乌希培与克雷托芬》。

但这显然还不够全面。那两篇语法书残篇(第 10 项和 11 项)表明其用途是教育,若果真如此,那么可能因为册子本便于展示,所以才促成人们采用新的书籍形式。两部医学残篇(第 12 项和 13 项)如果也是用于教学,则可用相同的理由来解释。荷马史诗(第 6 项和第 7 项)在初级教育中的作用,无需解释。荷马史诗字汇(第 14 项)也能以使用方便来解释。同样,算命的《荷马杂占》(第 5 项)亦然。最后这一项更是让人惊讶,前面已说过,抄写算命、卜筮和巫术书籍的抄工都明显不用册子本。

有一关键问题必须重申一次。上文第 40—41 页,我们列出了 13 部以册子本形式抄写的基督教写本,都可归入 2 世纪。现在我们有 17 部非基督教写本,也是册子本,而且同样可归入 2 世纪。乍一看,至少在这一世纪,册子本的使用,似乎没有明显的基督教与非基督教之分。但是这几组数字的背景却全然不同。如果我们排除 2 张卷子——其中一张是写在一张卷子的背面,所以不能证明是刻意选择卷轴装——那么 13 部基督教册子本乃是 2 世纪基督教写本硕果仅存者。而 17 部非基督教写本,则必须与同期保存下来的 857 部卷子本放在一起来衡量。换句话说,在非基督教写本中,册子本只占了总数的 2%。这个比例实在太小,而新的发现不断证实册子本所占的比例愈发微不足道。因此我们必须接受这个观点:在 2 世纪的非基督教文献中,册子本的比例虽不至于可以完全忽略不计,但总归非常小。

上述这些猜测肯定未经证实,但却有力地说明,正如我们所想,各式各样的原因共同发挥作用,推动册子本在非基督教世界中的使用。虽然马提亚尔的尝试(可能还有我们所不知道的其他尝试)似乎没有立即成功,但册子本是一种可以接受的文献载体,这种看法还不至灭绝,而且产生出我们方才一直在讨论的那些写本。包罗广泛和使用便捷这双重优势,似乎逐渐得到重视。正如数字所显示,这个进程在3世纪持续不断地积聚力量。基督教的胜利或许提供了最终的推动力,但即使没有这一因素,册子本最终也还是很可能胜出。

　　最后,为何这一进程如此漫长?前面已经说过,墨守成规的心态肯定起了很大作用,推迟了这一变化。缮写坊(*scriptoria*)就其本性来说,是传统的大本营,而且制定标准的那些受过教育的读者,也许同样会阻挠这样的改变。还有一个因素我们一直没有注意,而且也很难理解,那就是:现代读者熟视无睹的、用来辅助阅读和理解的全套手段——单词之间的间隔、系统地标注重音和送气符号(breathings)、标点、分段、章节标题、目录、脚注、索引、参考书目等等——在古代根本不存在。重要的是,我们虽然觉得这些手段必不可少,但古代读者并不觉有任何不便。同样,册子本的优势或者卷子本的劣势,对于2世纪的公众而言,不见得那么显而易见。因此在促成书籍形制改变的过程中,这些因素有时也许并不像现代学者所期待的那样,会迅速发挥强有力的作用。

第十三章　尾　声

从前面所引数字应可以看出,册子本历史的关键点是在大约公元300年,那时册子本已与卷子本分庭抗礼。自此以后,卷子本的使用就迅速衰落。到了5世纪,至少从埃及发现的文本来判断,卷子本只占据了不足10%的市场。到了6世纪,卷子作为抄写典籍的载体就永远消失了。

册子本取代卷子本,必定深刻影响了典籍的流传。但要精确界定影响何在,或者说清影响的过程,却并非易事。首先,在日益贫困的时代,文化萎缩、识字率下降,册子本因其容量更大,也许会促进选本的制作(比如雅典剧作家选集),或者有助于概要和集萃类作品(epitomes and florilegia)的编辑。但有关这一主题,需另写一部书来单独讨论。同样,也很难说清文本的具体流传如何受到影响。如果我们不计出土发现,那么古代典籍中确实没有任何一部作品经过中世纪之后,还以卷子本的形式保留在世间。但是如果我们据此认为,假设根本就没有发明册子本,那么整个古代典籍就会全部散佚,这一推论就更不容易证明。当然,一部古代典籍以册子本形式流通,并不自动保证它就一定能存留下来。只要想想

9世纪弗提乌斯(Photius)①所读过的大批书籍(明显是册子本)，以及后来失传的书籍，就足以领会此点。最让人感到沉重的是，文献能存留下来，完全出于偶然，连学校的作用也只能对此稍有补益。如果我们想想有多少作品的文本仅依赖很少几部抄本、甚至只靠孤本而存世，我们就能明白，要精确衡量册子本的影响有多么困难。纯粹从实用方面来考察，我们这里要说明两点。如果我们所言不虚，这两点或许在一定程度上让册子本为古代典籍的保存作出了一定贡献。首先，册子本在容量方面占有优势，平均算来，它所包含的内容是卷子本容量的6倍。这样一来，一旦发现了保存下来的写本，那么保存于册子本上的文本，其篇幅就远远多于抄在一部卷子本上面的文本。因此，能够被包含进一本册子本的多部著作，比如维吉尔的诗歌，就有可能完好无损地保存。而一旦卷帙浩繁的著作能存留下来，那么我们所能获得的文本，就要比只依赖卷子本传布的著作要多出很多。比如李维以十卷为一组的史书(decads)，就是很好的例子。其次，卷子本尤其容易受损，因为尽管使用书箱，但卷子经常不加封套就直接放在架子上。而在使用时，卷子又容易受磨损。而册子本的构造，要求必须有某种形式的装订，这便给予所容纳的文本一种前所未有的、持久的保护。

但所有这些假想都有待于今后的证实。出于实际考虑，我们的探究止于4世纪，而《西奈抄本》(见图版5)就大约写于4世纪中期，代表了册子本发展的顶峰。此后，册子本形式在一千余年的时间里都没有变化，直到纸张和印刷术这两项发明将册子本转变为今天的图书。

---

① 【译注】弗提乌斯(约810—895)，曾担任君士坦丁堡的牧首(Patriarch)。在其《书抄》(*Bibliotheca*)当中，他对几百卷古典作家的著作，做了摘录和分析，保存了大量古代散佚著作的片段。

书中引用索引

（本索引所附页码均为本书边码）

Asconius, *in Milonem* 29 阿斯卡尼乌斯《诉米罗》第 29 节　　13
　　【案：书中并没有引用这部书】
Augustine *Ep.* 171 奥古斯丁《书信》第 171 封　　24
Basil, St. 圣巴希尔
　　Ep. 231《书信》第 231 封　　54
　　Ep. 395《书信》第 395 封　　54
Cato *ap.* Fronto, *Ep. ad Ant.* i 2 加图（弗朗托引用）《致安多尼努斯皇帝书信集》i 2　　13
Cattulus xxii. 4-8 卡图卢斯 xxii, 4-8　　13
Cicero 西塞罗
　　ad Att. xiii. 24, 1《致阿提库信札》xiii. 24, 1　　15
　　ad Fam. vii. 18, 2《与友人书》vii. 18, 2　　16
　　de Orat i. 163《论演讲家》i. 163　　26
Digest《学说汇纂》
　　xxxii. 52 praef. 前言　　30-33
　　xxxii. 52. 1　　34
　　xxxii. 52. 5　　30-33
Euripides 欧里庇德斯
　　I. T. 727《伊菲格纳亚在陶里斯》第 727 行　　12

fr. 506 残篇第 506 行　　11

Eusebius, *Hist. Eccl.* II. xvi. 1 尤西比乌《教会史》II. xvi. 1　　55

Galen, *Opera*（ed. Kuhn）iii. 776, xii. 423 盖伦《盖伦文集》(库恩编辑), iii. 776, xii. 423　　22

Horace 贺拉斯

　　Ars Poetica 386-390《诗艺》386—390 行　　20

　　Sat. ii. 3, 1-2《讽刺诗》ii. 3, 1-2　　20

Jerome, St. 圣哲罗姆

　　de Vir, Ill.《名人传》vii　　55

　　Ep. 53, 8《书信集》53, 8　　26

Martial 马提亚尔　　24-29 多处

Mishnah（trans. H. Danby）, *Kelim* xxiv. 7 密施拿(丹比译本)*Kelim* xxiv. 7　　59

New Testament 新约

　　Acts of the Apostles xi. 19, 20《使徒行传》xi. 19, 20　　58, 59

　　2 Timothy iv. 13《提摩太后书》iv. 13　　22, 60

　　Apocalypse v. 1《启示录》v. 1　　46

Nicephorus, *Stichometry* 尼科弗如斯《标准行计算法》　　26, 65

Paulus, *Sententiae* iii. 6. 87 保路斯《案例》iii. 6. 87　　32-34

Persius, *Sat.* iii. 10-11 珀尔修斯《讽刺诗》iii. 10-11　　20

Pliny, the Elder, *N. H.* 老普林尼《博物志》

　　vii. 21. 85　　14

　　xiii. 70　　8

Pliny, the Younger, *Ep.* iii 5, 15 小普林尼《书信集》iii 5, 15　　12

Plutarch, *Moralia* 普鲁塔克《道德论集》

　　504D　　16

779C　　16

Plolux, *Onomast* i, p. 207 波路克斯《字汇》i, p. 207　　12

Porphyry, *Vit. Plot.* 25 波菲利《普罗提诺传》25　　54

Quintilian, *Inst. Or.* x. 3, 31, 32 昆体良《雄辩术教育》x. 3, 31, 32　　21

Seneca 塞涅卡

　　Contr. i praef. 18《诘难》i, 前言第 18 节　　12

　　de. Brev. Vitae 13《人生苦短》13　　12

　　Ep. 94, 27《道德书简》94, 27　　26

Sophocles, fr. 144 索福克勒斯 残篇 144　　11

Suetonius, *Divus Juslius* 56, 6 苏维托尼乌斯《恺撒本纪》56, 6　　18

Tacitus, *Ann.* xiv. 50 塔西陀《编年史》xiv. 50　　22

Varro *ap.* Nonius Marcellus p. 535 M 瓦罗（Nonius Marcellus 引）p. 535 M　　12

纸草文献

Berliner Klassikertexte 柏林古典文献

　　5. 2. 73-79（= Pack² 437）　　71

　　3. 29-30（= Pack² 2355）　　71, 72

Boston, Wyman Coll. 波士顿, 魏曼收藏（= Van Haelst 495）　　60, 61

London, British Library Egerton Pap. 2 伦敦, 大英图书馆艾格顿纸草 2 号　　41, 51

Oxford, Bodleian MS. Gr. bibl. g 5（P）牛津, 饱蠹楼希腊文写本目录编号 g 5（P）　　40

Oxford, Magdalen Coll. Gr. 18 牛津, 莫德林学院希腊文写本第 18 号

40,65,66

Paris,Bibl. nat. Suppl. Gr. 1120 巴黎,巴黎国家图书馆希腊文写本补编第 1120 号　　40,65,66

P. Alex. Inv. 203 亚历山大城博物馆希腊文纸草第 203 号　　39

P. Ant. i. 7 安提努珀利斯纸草卷一第 7 号　　40

P. Baden iv. 56 巴登纸草第 4 辑 56 号　　40,46

P. Barc. Inv. 1 巴塞罗那纸草编目 1 号　　40,65,66

P. Berol. 柏林纸草

  Inv. 7358-9 编目 7358-7359 号　　图版 2

  Inv. 10569 编目 10569 号　　21

  Inv. 11765 编目 11765 号　　60

P. Bodmer 博德莫纸草

  II 第 2 辑　　41,65

  XIV,XV 第 14、15 辑　　65,66

P. Bon. 波恩纸草

  i. 3(= Pack^2 645)　　71,72

  i. 4(= Pack^2 1801)　　71,72

P. Chester Beatty 切斯特·比提纸草

  第 1 册　　49,56,66

  第 2 册　　46,66

  第 6 册　　40,47,48,51,65,66

  第 8 册　　41

  第 9 册　　41

P. Colon. Inv. 3328(Lollianus, *Phoinikika*) 科隆纸草编目第 3328 号(洛利阿努斯的《腓尼基故事》)　　68,69,71

P. Duke Inv. (Plato, *Parmenides*) 杜克大学纸草编目(柏拉图,《巴

门尼德篇》) 71

P. Fouad 74 福阿德纸草 74 号　　12

P. Harr. 哈里斯纸草

　　第 31 号　　39

　　第 59 号（= Pack^2 2155）　　71,72

　　第 119 号（= Pack^2 868）　　71,72

P. Holmiensis 斯德哥尔摩纸草　　17

P. Leid. ined. 莱顿未编辑纸草　　70

P. Lips. Inv. 莱比锡纸草编目

　　第 39 号　　39

　　第 170 号　　40

P. Lit. Lond. 大英博物馆藏典籍纸草写本目录

　　第 5 号 + 第 182 号　　21

　　第 206 号（= Van Haelst 555）　　60,61

　　第 207 号　　39

　　第 127 号（= Pack^2 293）　　71

　　第 211 号　　39

P. Lond. Inv. 2584 大英博物馆藏希腊文纸草第 2584 号　　39

P. Mich. 130 密歇根大学纸草第 130 号　　41

P. Milan（= Pack^2 3）米兰大学纸草（= Pack^2 3）　　69,71,72

P. Milan Vogliano 2.33（= Pack^2 747）米兰大学纸草续编 2.33

　　（= Pack^2 747）　　71,72

P. Oxy. 奥克西林库斯纸草

　　i. 1　　41,43

　　i. 30　　28

　　ii. 208　　65

iii. 405   41

iv. 656   41

iv. 657   39

iv. 697（= Pack^2 1546）   71,72

vi. 849（= Van Haelst 603）   60,61

vii. 1007（= Van Haelst 5）   60,61

viii. 1075   39

ix. 1166   39

x. 1225   39

x. 1228   39

xii. 1477   70

xiii. 1594（= Van Haelst 82） 60,61

xv. 1781   65

xxx. 2517   71,72

xxxi. 2539   69

xxxiv. 2683   41

xxxviii. 2832   70

xxxviii. 2833   70

xli. 2949   44

xlii. 3010   69

xlii. 3011   69

xlii. 3012   69

xliv. 3157   47,65,71,72

xliv. 3197   20

xlvii. 3326 72

xlvii. 3330 71

50. 3523　　41

P. Oxy. ined. 奥克西林库斯未编辑纸草　　70

P. Palau Rib. Inv. 182 巴塞罗那圣库加德巴雷斯纸草 182 号　　55,65

P. Petaus 30 佩陶斯纸草第 30 号　　7,60

P. Ryl. 曼彻斯特大学约翰·莱兰茨图书馆藏希腊文纸草

 i. 5　　41

 i. 28（= Pack² 2112）　　70

 iii. 457　　40,65

 iii. 549　　72

PRIMI i. 15（= Pack² 2340）米兰大学纸草第一辑 i. 15（= Pack² 2340）　　71,72

P. S. I.《希腊与拉丁纸草》

 i. 23　　21

 i. 24　　21

 ii. 147（= Pack² 1362）　　71,72

 vi. 728（= Pack² 2113）　　70

 vii. 849（= Pack² 2145）　　71,72

 viii. 921　　39,47

 viii. 959-960　　21

 xii. 1292　　39

P. Schubart 30（= Pack² 1）舒拔所藏纸草第 30 号（= Pack² 1）　　69

P. Turner 8 特纳所藏纸草第 8 号　　69

P. Yale i. I 耶鲁纸草 i. 1　　40

P. Yale Inv. 1534（= Pack² 311）耶鲁纸草编目第 1534 号（=

Pack² 311） 71
Stud. Pal. 古文书学与纸草学研究
  xi. 114 39
  xv. 234 39

The Petrie Museum, University College, London, UC 36088, 36089

1. 刻有字迹的蜡板,公元前3世纪。内容为在下埃及旅行途中花销的账目。每片蜡板的原件尺寸为9.1厘米×5.7厘米。

2. 薄皮制成的札记簿，公元2世纪，上面记有雇佣的劳力和工价。原件尺寸为7.7厘米×11.8厘米。

Berlin, Staatlichen Museen, P. Berol. 7358/9

3. 保罗书信的纸草册子本,公元3世纪。相连的叶子上,左边为《罗马书》11:24—33,右边为《腓力比书》结尾以及《歌罗西书》开头。原件尺寸为19厘米×30厘米。

Dublin, Chester Beatty Library, Papyrus II, ff. 15r and 90r

4. 德摩斯梯尼《伪使》皮纸册子本,公元2世纪。图版显示的是对折的两页,略微缩小,每页上抄写两栏。原件单页尺寸为19厘米×16.5厘米。

British Library, Add MS. 34473, art. 1

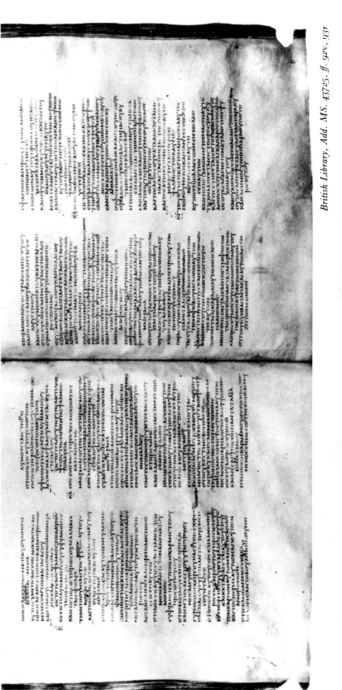

5. 圣经的皮纸册子本,《西奈抄本》,公元4世纪。对折的两页上是《诗篇》19:8—23:5的部分文字。原件单页尺寸为37.6厘米×约24.7厘米。

British Library, Add. MS. 43725, ff. 92v, 93r

Pontifica Commissione di Archeologia Sacr

6.画面上是一位年轻男子手持一部翻开的册子本,圣彼得和圣马可里努斯地下墓穴,罗马,公元3世纪。